David Müller et Catherine Raschke

Recettes gourmandes du cholestérol

ANAGRAMME
éditions

Sommaire

Introduction

Un taux élevé de cholestérol dans le sang, que l'on appelle en médecine hypercholestérolémie, compte, avec l'hypertension, le surpoids et le diabète, parmi les facteurs de risque d'artériosclérose, avec les conséquences possibles que sont l'infarctus du myocarde ou l'attaque d'apoplexie. Pour soigner ces troubles du métabolisme des graisses, on associe généralement des thérapies médicamenteuses et une alimentation équilibrée. Dans beaucoup de cas, aucune thérapie médicamenteuse n'est nécessaire pour soigner un taux élevé de cholestérol et/ou de triglycérides : souvent, une alimentation adaptée suffit à faire baisser efficacement les lipides dans le sang. Chez d'autres patients, la thérapie par l'alimentation accompagne une thérapie médicamenteuse. Le cholestérol baisse grâce à une alimentation modifiée et en limitant l'apport de graisses. Le taux de triglycérides chute en particulier grâce à une alimentation où l'apport en sucre est limité mais qui est riche en oméga 3.

Cet ouvrage est écrit de manière claire et compréhensible pour les profanes. Il rend compte de la situation actuelle de la physiologie alimentaire et il est libre des dogmes et des prescriptions de régimes traditionnels. La phytostérine, les graisses mono-insaturées, en un mot, la diète méditerranéenne, de même que les fibres solubles jouent un grand rôle dans la diminution du cholestérol LDL.

D'importantes recommandations diététiques sont suivies de nombreuses recettes qui peuvent efficacement faire baisser le taux de cholestérol. Avec beaucoup de conseils utiles, les auteurs présentent un concept réussi pour faire passer dans la pratique une philosophie de l'alimentation. Ce guide ne peut remplacer les explications médicales et les thérapies, mais il offre un complément important.

Avant-propos

Depuis l'éclatement du « scandale du Staltor », beaucoup de personnes souffrant de maladies cardiaques ou ayant un taux de cholestérol élevé, ne peuvent plus prendre d'hypocholestérolémiants parce qu'ils ont peur des effets secondaires possibles. Dans quelle mesure pouvons-nous éviter une maladie des artères coronaires ou un infarctus du myocarde par des moyens purement diététiques ? Huit études s'occupent de cette question : entre 26 et 4541 participants se sont soumis pendant une période de deux à huit ans à une thérapie par la nourriture. Les résultats sont optimistes : la diminution de taux de cholestérol chez les sujets de l'expérience se situait entre 6,5 et 15,5%. Il n'y a dans la pratique aucune étude qui montre qu'une alimentation saine n'a pas d'effet positif sur le taux de cholestérol. Dans ce livre, nous avons voulu montrer une manière de se nourrir qui soit goûteuse, et qui en même temps rende possible une baisse du taux de cholestérol par des moyens naturels tout en étant bien tolérée.

Grâce à un changement d'alimentation où l'apport de graisses est réduit, le taux de cholestérol baisse à long terme jusqu'à 30%. Le cholestérol peut ainsi être normalisé à 300mg/ml seulement par une thérapie de l'alimentation. Pour les valeurs élevées, la prise d'hypocholestérolémiants est clairement réduite. D'après des études, les hypocholestérolémiants sont superflus dans 50% des cas. A l'inverse des hypocholestérolémiants de l'industrie pharmaceutique, les méthodes diététiques ne réduisent que le mauvais cholestérol LDL et pas le bon HDL qui entretient les vaisseaux.

La prise d'hypocholestérolémiants doit être considérée avec critique. Ne vous encombrez pas de médicaments inutiles mais utilisez les moyens que nous offre la nature. Vos artères, votre cœur et votre cerveau vous en remercieront.

Le cholestérol,
dangereux en excès

On lui prête souvent une mauvaise réputation : le cholestérol est cependant un composant nécessaire de chacune de nos cellules corporelles. Sans cholestérol, nous ne pourrions pas vivre. Trop de cholestérol peut toutefois être dangereux : le risque d'une maladie cardiaque augmente drastiquement avec une élévation durable du taux de cholestérol dans le sang.

Qu'est-ce que le cholestérol ?

Le cholestérol est une substance grasse qui remplit des fonctions importantes dans le corps animal et humain. Il est un matériau de construction vital pour les parois des cellules, il est la substance de base pour la production d'hormones, de la vitamine D et de la bile. Pourtant, bien que le cholestérol soit vital pour nous, nous ne devrions pas en consommer dans l'alimentation : notre corps peut lui-même produire dans le foie la quantité quotidienne suffisante d'un demi à un gramme. Ce processus est toutefois très consommateur d'énergie et puisque notre corps travaille économiquement, il prend le cholestérol prioritairement dans l'alimentation.

HDL et LDL : le « bon » et le « mauvais » cholestérol

HDL et LDL : le « bon » et le « mauvais » cholestérol
Comme le cholestérol, en tant que substance grasse, n'est pas soluble dans l'eau, il ne peut pas être transporté dans le sang. Le foie fabrique pour les graisses des « transporteurs » spéciaux, dans lequel le cholestérol est emballé. Ces transporteurs sont appelés lipoprotéines. Il s'agit de minuscules billes de graisse qui sont entourées de protéines. Ainsi les

Le cholestérol a été pour la première fois isolé d'un calcul biliaire en 1784. C'est le chimiste français E. Chevreul qui a le premier décrit cette substance graisseuse en 1816.

graisses sont solubles à la surface. Dans les lipoprotéines, le cholestérol est transporté dans le sang avec d'autres graisses et des vitamines liposolubles. Pourtant, il y a cholestérol et cholestérol. On parle de « bon » et de « mauvais » cholestérol. Il s'agit ici toujours du même cholestérol mais il se trouve dans des lipoprotéines différentes.

Le cholestérol LDL

Le cholestérol LDL est désigné comme le « mauvais » cholestérol. Les LDL (= low density lipoprotein) sont des lipoprotéines d'une faible densité qui transportent le cholestérol depuis le foie dans tout le corps. Elles contiennent une grande quantité de cholestérol et ont une faible teneur en protéines. C'est pour cela que le cholestérol peut facilement s'en échapper. Plus le cholestérol du type LDL circule dans les veines, plus grand est le risque que le cholestérol ne s'échappe et ne reste accroché sur les parois des canaux. De tels dépôts de graisse sont le début d'un encrassement des artères (artériosclérose). Plus élevé est le cholestérol LDL, plus élevé est donc aussi le risque de développer une maladie cardio-vasculaire.

Les lipoprotéines jouent un grand rôle dans les troubles du métabolisme des graisses.

Le cholestérol HDL

Le cholestérol HDL en revanche est désigné comme le « bon » cholestérol. Les HDL (=high density lipoprotein) sont des lipoprotéines d'une grande densité qui sont fabriquées dans le foie et dans l'épithélium. Ils ont une plus forte teneur en protéines et sont donc plus « denses » que les LDL. Les HDL font l'inverse des LDL. Ils ramassent le cholestérol déposé sur les parois des vaisseaux et le ramènent au foie. Là, ils sont transformés en nouvelles lipoprotéines ou en une autre substance, comme un calcul biliaire, transformés et à nouveau dispersés dans l'estomac. Un taux élevé de HDL signifie ainsi que les veines sont bien « nettoyées ». Cela diminue le risque de maladies cardio-vasculaires et peut ainsi tenir en respect un taux de cholestérol LDL élevé jusqu'à un certain point.

Jusqu'à la ménopause, les femmes, à cause des hormones sexuelles féminines, ont la plupart du temps un taux élevé de HDL. Avec les bouleversements hormonaux de la ménopause, le taux de HDL chute et le risque de maladie cardio-vasculaire monte.

Valeurs cibles pour le taux de cholestérol

Si le cholestérol est important pour l'organisme humain, il peut être aussi dangereux quand trop de cette substance circule dans notre corps. Le taux de cholestérol dans le sang est un facteur de risque important pour le commencement d'une maladie du cœur. Bien sûr, il y a d'autres facteurs comme le tabac, le surpoids, le diabète et le manque d'exercice qui jouent un rôle mais le cholestérol est cependant à prendre particulièrement au sérieux.

Le taux de cholestérol idéal se situe en dessous de 200mg/dl mais des valeurs plus élevées ne sont depuis longtemps plus une rareté !

Cependant, si vous êtes fumeur, si vous souffrez de diabète ou si vous avez pour d'autres raisons un risque élevé de développer une maladie cardio-vasculaire, vous devriez faire particulièrement attention à votre taux de cholestérol. Dans ce cas, ce sont des valeurs-cibles moins élevées qui sont idéales.

Les taux élevés de triglycérides sont, comme un taux élevé de cholestérol, l'hypertension et le tabagisme, un sérieux facteur de risque de maladies cardio-vasculaires.

Valeurs idéales du taux de cholestérol

- *Cholestérol global à moins de 200mg/dl*
- *Cholestérol LDL en dessous de 130 mg/dl*
- *Cholestérol HDL au moins supérieur à 40 mg/dl, idéalement supérieur à 45 mg/dl*
- *Triglycérides inférieurs à 200mg/dl (voir ci-dessous)*

Le médecin diagnostique une hypercholestérolémie quand le taux de cholestérol LDL est trop élevé et que le rapport entre LDL et HDL est mauvais. Si le LDL est au-dessus de 130 et le HDL en dessous de 35 mg/dl, le risque d'infarctus du myocarde est élevé et la thérapie diététique doit commencer immédiatement.

Quelle importance ont les triglycérides ?

Les triglycérides, ou graisses neutres, sont comme le cholestérol des graisses contenues dans le sang. Si vos triglycérides sont trop hauts, cela signifie qu'il y a trop de graisses dans votre sang. Nous tirons nos triglycérides de notre alimentation mais nous les fabriquons aussi dans le corps. Des taux de triglycérides élevés sont un facteur de ris-

Si vous avez un taux élevé de triglycérides, vous devez éviter tous les plats gras.

que tout aussi important pour les maladies cardio-vasculaires qu'un taux de cholestérol élevé. Ce fait n'est hélas pas souvent assez pris au sérieux. Un taux élevé de triglycérides mène à tous les coups au commencement de l'artériosclérose. Surtout s'il est associé avec un taux de HDL bas, c'est problématique. Des taux élevés de triglycérides sont un problème qui survient souvent en même temps que le surpoids et le diabète. Pour faire baisser les triglycérides, il n'y a que peu de médicaments disponibles ; les acides gras oméga 3 sont en général de bons moyens diététiques pour résoudre ce problème .

Le cholestérol dans l'alimentation

Un œuf au petit déjeuner élève moins le taux de cholestérol qu'on ne le pense !

En cas de taux de cholestérol élevé, on a long-temps recommandé de manger le moins de cho-lestérol possible. Ce sont surtout les œufs de poule qui étaient sur la « liste noire » car un jaune d'œuf contient déjà la quantité quotidienne recomman-dée de cholestérol (200-300 mg). Ces recomman-dations sont cependant excessives. Seul un petit nombre de personnes peut, par une alimentation très pauvre en cholestérol, faire baisser réellement son taux de cholestérol. Si nous ne consommons que très peu de cette substance grasse, cela con-duit souvent à une augmentation de la production de cholestérol de notre propre corps ! Chez la plu-part des gens, il est bien plus efficace de réduire drastiquement la consommation d'acides gras sa-turés car ceux-ci sont les causes principales du cholestérol .

L'insuline et son effet nocif

Lors du métabolisme, les hydrates de carbone sont d'abord déposés dans les cellules graisseuses, suivis un peu plus tard des protéines puis des molécules graisseuses. Le pancréas sécrète l'insuline et confie aux en-zymes la tâche de décomposer les molécules graisseuses en minuscules particules afin de favoriser l'assimilation des aliments. Cette décomposi-tion permet à ces particules de parvenir rapidement et aisément dans les regrettables amas graisseux qui s'accumulent sur les hanches et le ven-tre. Mais le processus ne s'arrête pas là : les cellules graisseuses atten-dent en effet d'être de nouveau ravitaillées, et ce ravitaillement se fixera d'autant mieux que vous avez une alimentation peu équilibrée.
Paradoxe : ce ne sont pas les aliments riches en protéines et en lipides qui favorisent le stockage des graisses mais les aliments riches en sucre,

comme les pâtisseries et les sucreries.

Chez les personnes souffrant d'un excès de poids, une consommation importante d'aliments à forte teneur en glucides entraîne un accroissement du taux de sucre sanguin. Ceci stimule la production d'insuline et favorise le stockage des graisses. Les personnes de poids normal ont toutefois besoin de l'insuline pour réguler leur taux de sucre sanguin. Si elles ont une alimentation riche en glucides, l'insuline est également automatiquement sécrétée, mais leur taux de sucre sanguin diminue.

A consommer avec prudence : les bombes de cholestérol

Aliment	Cholestérol (mg/100g)	Calories (kcal/100g)
Jaune d'œuf de poule	1260,0	348,7
Huile de foie de morue	850,0	882,6
Foie de volaille	537,0	146,7
Œuf de poule	396,0	154,4
Œufs brouillés	371,4	216,3
Rognon de bœuf	368,0	101,6
Rognon de porc	358,0	114,7
Œufs sur le plat	354,9	257,8
Foie de bœuf (veau)	342,0	147,0
Saindoux	340,0	881,0
Œufs de poisson	332,0	101,8
Foie de porc	331,0	123,3
Omelette	317,7	181,7
Œufs brouillés avec lard / jambon	307,7	231,8
Caviar	300,0	259,3
Biscuits à la cuiller	281,0	414,4
Boulettes de foie	260,7	175,3
Gaufres	240,0	554,0
Beurre	240,0	741,2
Œufs sauce moutarde	230,6	124,0
Crème glacée	187,0	187,9
Saucisse de foie de veau	185,0	316,7
Anguille	181,0	266,5
Pâté de foie	173,0	299,5
Fromage de tête	162,0	180,7
Mayonnaise	160,3	789,3
Saucisse de foie	160,0	328,4
Crêpes d'œufs	153,1	172,2
Crevettes	152,0	101,6
Biscuit de Savoie	151,0	440,2

Tous les aliments végétaux sont complètement dénués de cholestérol. Si vous avez un taux de cholestérol élevé, vous devez mettre à votre menu le plus possible de plats végétariens.

Si possible, ne mangez pas de beurre mais de la margarine de régime, de la margarine allégée ou, encore mieux, des margarines à la phytostérine.

Le cholestérol
facteur de risque

Dans les pays développés, l'infarctus du myocarde et l'attaque d'apoplexie représentent la première cause de mortalité. Pour ces deux maladies, le cholestérol est un facteur de risque décisif. Cela ne peut pas durer ! Grâce à une thérapie alimentaire, les graisses se normalisent d'elles-mêmes la plupart du temps.

Artériosclérose, infarctus du myocarde et attaque d'apoplexie

Les troubles du métabolisme des graisses par suite d'une élévation du taux de cholestérol se produisent extrêmement souvent dans nos sociétés.
15 à 20% des habitants des pays développés présentent une hausse des lipides dans le sang qui doit être soignée. Un taux élevé de cholestérol et/ou de triglycérides devrait toujours être pris en charge car les deux sont reliés à un risque plus élevé de maladies cardio-vasculaires. Le médecin distingue les valeurs élevées de cholestérol, de triglycérides et la combinaison des deux.

Les conséquences de l'artériosclérose sont un manque d'alimentation et d'oxygénation des tissus et le danger d'une fermeture complète des vaisseaux qui peut mener à un infarctus du myocarde, une attaque d'apoplexie et à une artérite des membres inférieurs.

Le hausse du cholestérol LDL, qui endommage les vaisseaux, mène en particulier à une sclérose des artères (= artériosclérose). La formation de l'artériosclérose est un processus complexe qui n'est ici que brièvement expliqué. L'artériosclérose est le processus au cours duquel les cellules des parois internes des artères se transforment progressivement sous l'effet du cholestérol, des lipides et des protéines. Sous l'effet d'une sclérose grandissante, les vaisseaux sont de plus en plus étroits et perdent leur élasticité naturelle. Si ce sont les

vaisseaux du cœur qui sont concernés par cette sclérose, le myocarde reçoit moins d'oxygène et d'alimentation. Les médecins désignent cela par une « maladie coronarienne » : sous ce terme générique sont repris toutes les pathologies fonctionnelles des vaisseaux du cœur.

L'infarctus du myocarde et l'attaque d'apoplexie : la catastrophe nucléaire des vaisseaux

S'il survient la fermeture complète d'un ou plusieurs vaisseaux sanguins, le muscle cardiaque, derrière, ne reçoit plus suffisamment d'alimentation et d'oxygène et la partie concernée du cœur meurt : c'est alors l'infarctus du myocarde. La fermeture d'un vaisseau sanguin alimentant le cerveau mène à l'attaque d'apoplexie.

Pour éviter de pareilles maladies, les éventuelles scléroses doivent être éliminées ou au moins stoppées, avant que cela ne devienne une fermeture totale des vaisseaux. Cela se passe par une baisse sérieuse du LDL et la hausse du HDL.

La corrélation entre taux de cholestérol et risque d'infarctus

A partir d'un taux de plus de 239 mg/dl, il y a deux fois plus de chances de mourir d'un infarctus du myocarde qu'avec un taux inférieur à 200 ml/dl. Avec un taux de cholestérol de plus de 280 mg/ml, le risque est trois plus élevé !

Le syndrome métabolique

Les lipoprotéines jouent un grand rôle dans les troubles du métabolisme des graisses.

Chez la plupart des gens, un taux élevé de cholestérol survient en association avec d'autres maladies. La combinaison avec le surpoids, le diabète et l'hypertension se rencontre fréquemment. L'apparition commune de ces maladies s'appelle le syndrome métabolique. En raison de ses conséquences fatales pour la santé, ce trouble du métabolisme est aussi appelé « le quartette de la mort ». Dans le syndrome métabolique, le métabolisme est pour ainsi dire fou. Souvent, les personnes concernées ont aussi de la goutte et de l'acide urique. Si les causes ne sont pas combattues, le quartette de la mort fait honneur à son nom. Les différentes maladies du syndrome métabolique font, sur les parois des vaisseaux, de petits changements qui mènent à l'artériosclérose. C'est le début une maladie cardio-vasculaire qui peut se terminer par un infarctus ou une attaque d'apoplexie qui sont souvent mortels.

Il mène souvent au syndrome métabolique : le surpoids

L'origine commune des maladies du syndrome métabolique est une suralimentation qui, en interaction avec des facteurs héréditaires et un manque d'exercice, mène à l'adiposité (obésité) et au surpoids. Un poids élevé du corps lui-même ne présente pas de risque aussi important de développement d'une maladie cardio-vasculaire. Cependant, les conséquences du surpoids qui sont décrites plus loin augmentent beaucoup le risque parce qu'elles favorisent la formation d'artériosclérose.

Le syndrome métabolique est la première cause de décès dans nos pays.

Le diabète, la maladie du surpoids

Le diabète de type 2 est, comme on l'a déjà dit, imputable à une mauvaise alimentation, un manque d'exercice et un surpoids. Environ un obèse sur trois souffre de diabète ! Plus de la moitié des diabétiques sont concernés par des troubles du métabolisme.

Les diabétiques peuvent profiter particulièrement des méthodes naturelles de baisse des lipides dans le sang et surtout des effets des acides gras oméga 3.

Comment se forme le diabète

En tout premier lieu, sous l'effet du surpoids, la réaction des cellules du corps à l'insuline fabriquée dans le pancréas diminue. Les médecins désignent ce phénomène par le terme d'«insulino-résistance». A partir de cette insulino-résistance peut se développer au fil de années du diabète de type 2.

En raison de l'action insuffisante de l'insuline, les cellules du corps chez les diabétiques ne sont que mal alimentées. En conséquence de quoi, les graisses libérées par les glandes augmentent et sont conduites dans le foie. Celui-ci transforme les graisses en lipoprotéines et les remet dans le sang. Du coup, chez les diabétiques, le taux de triglycérides est souvent élevé. En même temps, l'élimination de lipoprotéines dans les vaisseaux sanguins et les cellules est perturbée.

Dans la mesure où le transport des sucres contenus dans le sang par l'insuline n'est faite que de manière insuffisante chez les diabétiques, cela mène à une haute teneur en sucre dans le sang, ce qui provoque des dégâts sur les nerfs et les vaisseaux sanguins. Les diabétiques doivent donc pour cette raison, veiller de manière particulière aux maladies cardio-vasculaires.

Faire de l'exercice régulièrement est particulièrement important pour les diabétiques.

L'hypertension facteur de risque

L'hypertension est aussi une conséquence directe du surpoids et la maladie qui accompagne le plus souvent celui-ci. Un obèse sur deux a de l'hypertension et environ un hypertendu sur trois est en surcharge pondérale.

Le cœur d'un obèse doit fournir plus d'effort qu'une personne mince pour transporter la grande quantité de sang dans toutes les parties du corps. Une perte de poids d'un kilo fait déjà baisser la tension d'un à deux mm Hg.

A la longue, les vaisseaux sanguins sont abîmés par une tension élevée et le cœur est affaibli. L'hypertension est une des causes principales d'une élévation du risque de souffrir de maladies cardio-vasculaires quand on est en surpoids. En outre, une altération des reins et des yeux est en étroite relation avec l'hypertension.

L'élévation du taux de cholestérol et des triglycérides

Il est typique chez les personnes en surcharge pondérale de voir apparaître un taux élevé de triglycérides. Le cholestérol global n'est souvent que légèrement élevé mais le LDL est trop haut et le HDL en revanche trop bas . On trouve un taux élevé de lipides dans le sang trois fois plus souvent chez les personnes en surcharge pondérale que chez les personnes minces. Plusieurs facteurs sont responsables de cela : tout d'abord, les personnes en surpoids mangent plus gras que les personnes minces, ensuite le foie des personnes obèses fabrique des lipoprotéines de manière accélérée, surtout parce que beaucoup d'acides gras sont libérés par les glandes. Souvent, il y a aussi un trouble de la construction des lipoprotéines.

Ce que peut apporter une perte de poids

Toutes les maladies du syndrome métabolique ont un point commun : leurs symptômes diminuent nettement avec une réduction du poids. Avec une perte de poids, l'insulino-résistance régresse, l'hypertension diminue et le taux de cholestérol s'améliore. Si vous souhaitez aussi faire baisser votre taux de cholestérol, vous devez, si vous êtes en surcharge pondérale, penser à perdre du poids. Beaucoup de moyens pour faire baisser le cholestérol aident aussi à maigrir et inversement (par exemple, le sport, une grande consommation de fibres, un changement d'alimentation avec un apport plus faible en graisses).

En diminuant de 10% votre poids, par exemple en passant de 93 à 84 kilos en six mois, vous pouvez faire baisser votre risque d'infarctus d'environ 20% !

Quelle est l'importance des médicaments contre le cholestérol ?

Ce n'est pas seulement depuis le scandale du Staltor que beaucoup de personnes ont peur des effets secondaires des hypocholestérolémiants. Même si depuis le médicament concerné, qui a eu des conséquences fatales, a été retiré de la vente, beaucoup de gens restent profondément inquiets.

Aujourd'hui, les médecins nutritionnistes s'accordent à dire que les hypocholestérolémiants sont superflus dans la plupart des cas. En outre, ces médicaments ont de nombreux effets secondaires. Il est encore plus inquiétant que beaucoup de ces moyens pharmaceutiques ne soient que de la cosmétique de laboratoire car ils font baisser non seulement le mauvais LDL mais aussi le bon HDL : le rapport entre les deux reste donc inchangé.

Les substances naturelles décrites dans ce livre et l'alimentation « anti-lipides » font baisser le LDL et maintiennent le HDL constant. Dans la plupart des cas, même, le HDL monte et c'est bien ainsi. Si en plus de la thérapie par la nourriture, vous faites régulièrement du sport, vous fuyez pour ainsi dire l'infarctus du myocarde. La prise d'hypocholestérolémiants n'est que rarement nécessaire. Cela vaut en particulier si le taux de cholestérol global se trouve entre 350 et 400 ml/dl, ce qui n'arrive qu'à un relativement petit nombre de personnes. En cas de doute, interrogez toujours votre médecin ou votre thérapeute pour obtenir un conseil.

En suivant une thérapie par l'alimentation adaptée et en faisant beaucoup d'exercice, on peut la plupart du temps éviter de prendre des médicaments contre le cholestérol. Demandez en tous cas conseil à votre médecin.

L'exercice
augmente le HDL

Même si vous n'êtes pas un mordu de sport, vous pouvez sans grand effort mettre à votre programme un peu d'exercice. L'exercice pratiqué régulièrement fait baisser le taux de cholestérol global et augmente le « bon » HDL !

Comment vous tenir en pleine forme

La pratique régulière d'un sport, idéalement d'un sport d'endurance, est le meilleur moyen de prévenir les maladies cardio-vasculaires.

Une activité sportive régulière est une part importante du chemin qui mène à un taux de cholestérol bas et à un mode de vie sain. Il n'y que par une pratique régulière d'un sport d'endurance qu'il est possible de faire monter le « bon » cholestérol HDL. L'entraînement physique n'est pas seulement bon pour les lipides contenus dans le sang : il vous aide à devenir ou à rester mince, il raffermit les muscles, renforce votre endurance physique et mentale ainsi que le système immunitaire. La tension baisse, la fluidité du sang augmente et le cœur se renforce. En faisant du sport, vous faites quelque chose pour votre forme et vous prévenez de nombreuses maladies cardio-vasculaires.

Choisir le bon sport est important. Il faut en tous cas que ce soit un sport d'endurance, comme la marche, le jogging, la natation ou le vélo. En revanche, les sports où l'on doit faire des efforts importants en peu de temps, comme le «bodybuilding», ne sont pas à recommander. L'entraînement doit avoir lieu au moins trois fois par semaine, idéalement tous les jours. Même si vous ne « tenez » pas aussi longtemps au début, cela vaut le coup de persévérer ! Augmentez progressivement la durée et l'intensité de votre activité et vous en verrez rapidement les effets.

Les effets sont mesurables !

Vous verrez rapidement des changements lors du contrôle de votre taux de cholestérol. Avec une activité hebdomadaire qui demande une dépense d'énergie de 1200 à 2200 kilocalories, vous pouvez élever le cholestérol HDL de 2 à 3 mg/dl. Dans le tableau ci-dessous, vous trouverez des exemples pour atteindre ces volumes avec différents sports. Le HDL croît proportionnellement avec l'activité physique. Dans certaines études, les hausses du HDL peuvent atteindre 8 mg/dl. En outre, les triglycérides baissent d'environ 8 à 20 mg/dl.

L'activité sportive augmente le taux de HDL et influence en cela le cholestérol global et le LDL.

Les mécanismes qui influencent la baisse du taux de cholestérol par une activité physique régulière ne sont pas encore tout à fait élucidés. C'est probablement l'activité d'une enzyme qui est stimulée par le sport qui dissocie les particules de lipoprotéines qui circulent dans le sang, si bien qu'elles peuvent être transportées plus vite par le sang. Alors, le taux de lipides dans le sang baisse.

L'exercice soutient le cholestérol HDL

Sport	Dépense de calories en une demi-heure	Durée pour la dépense de 1200 kcal
Course à pied (9 km/h)	300	2 heures
Natation (20m/min)	135	4 heures 25 minutes
Marche à pied (4 km/h)	39	15 heures 20 minutes
Vélo (10 km/h)	60	10 heures
Danse, fox trott	180	3 heures 20 minutes
Gymnastique	115	5 heures 10 minutes

Commencez doucement !

Règle générale : toute activité physique, si modeste soit-elle, est meilleure que pas d'activité du tout. Donc, laissez plus souvent votre voiture au garage et faites les petites distances à pied, montez les escaliers, même quand l'ascenseur est là.

Il est avéré que les personnes « en forme » et entraînées ont un meilleur profil sanguin. Leur risque de développer une maladie cardio-vasculaire est nettement plus faible.

Si vous vous déplacez en train ou en bus, descendez à la station précédente et combinez la voiture ou le train avec la marche.

Le bon poids

Avec le poids croît nettement le risque de développer des maladies cardio-vasculaires. Vous pouvez avec votre poids calculer l'indice de masse corporelle (Body Mass Index = BMI). Le BMI se calcule avec le poids et la taille.

Comment calculer votre BMI

$$\frac{\text{Poids en kg}}{(\text{taille en m x taille en m})}$$

Exemple :
Pour une taille de 1,80 m et un poids de 75 kg, la valeur est de :
BMI= 75 : (1,80 x 1,80)= 23

Le BMI dépend de l'âge. Par exemple, les jeunes adultes doivent avoir un BMI entre 19 et 24 ; pour les plus âgés, un BMI entre 23 et 28 correspond au poids normal.

Conseils
de spécialistes

Un BMI de 23 est pour chaque classe d'âge entre l'optimal et l'acceptable.

Echelle du BMI

40 et plus	surpoids extrême
30 à 39,9	surpoids
25 à 29,9	léger surpoids
19 à 24,9	poids normal
18 à 18,9	léger souspoids
16 à 17,9	soupoids
moins de 16	souspoids extrême

Moins de surpoids signifie moins de risque

Les personnes qui ont un Body Mass Index trop haut, doivent perdre du poids lentement mais durablement. Pendant une perte de poids, en particulier si l'on suit un régime strict ou des cures d'amaigrissement, le taux de cholestérol monte parce que beaucoup de cellules et, avec elles, beaucoup de parois de cellules contenant du cholestérol, sont éliminées. Après cette première phase, le taux de cholestérol redescend. Une perte de poids est pour les personnes obèses la meilleure méthode de minimiser le risque de maladies cardio-vasculaires. Si vous perdez du poids lentement mais continûment et que vous faites du sport régulièrement, vous vous sentirez bientôt renaître !

$\mathcal{U}$ne alimentation saine
souvent la meilleure médecine

Notre mode d'alimentation a une influence claire sur le taux de lipides. Pour prévenir l'artériosclérose et les maladies qui en sont la conséquence, vous devez veiller à vous alimenter en limitant le plus possible l'apport de graisse et en consommant plus de fibres. Cela veut dire que les aliments très gras et pauvres en éléments nutritifs doivent idéalement devenir tabous !

Faites attention au cholestérol !

La première mesure à prendre après le diagnostic d'un « taux élevé de lipides » est toujours une réforme de l'alimentation. Pour cela, les médecins ne prescrivent aucun médicament. Dès trois mois après le début du traitement, ils vérifient les lipides contenus dans le sang et établissent si la prise d'hypocholestérolémiants est encore nécessaire. En règle générale, ce n'est pas le cas. Vous devez veiller aux éléments suivants dans votre alimentation :

Les glucides : plus sains s'ils sont associés à des fibres

Dites-vous bien que les mesures diététiques doivent être tenues toute la vie !Les aliments riches en fibres comme les fruits, les légumes, les salades et les produits du blé complet sont vraiment rassasiants et permettent de garder la ligne.

Les glucides n'ont pas d'influence sur le taux de cholestérol LDL mais ils élèvent les triglycérides. Cela concerne en particulier le sucre, les aliments contenant du sucre mais aussi les produits conçus à partir de sucres artificiels comme le fructose. Les sucres naturels ne contiennent pas de glucides et n'ont aucune influence sur le taux de cholestérol et de triglycérides. Les fibres sont souvent riches en glucides. Les fibres solubles (en particulier le germe de blé) font baisser le taux de cholestérol. En outre elles fixent les graisses en petites quantités.

Les protéines : de préférence végétales

Les protéines n'ont pas d'influence directe sur les taux de cholestérol et de triglycérides. Veillez cependant bien au fait que beaucoup d'aliments riches en protéines sont en même temps riches en graisses et que les produits animaux (hormis le poisson) contiennent aussi beaucoup d'acides gras saturés. En cas de cholestérol élevé, les protéines de remplacement des protéines animales, comme les protéines de soja, permettent une nette réduction du cholestérol LDL.

La consommation moyenne de protéines dans nos pays se situe à un bon 100 grammes et vaut donc largement le double de ce que conseillent les spécialistes de l'alimentation !

Les lipides : à consommer avec modération !

Les lipides ne rendent pas seulement adipeux, elles font également monter les lipides dans le sang. La plupart du temps, nous consommons trop d'acides gras saturés par le biais des produits animaux et trop d'acides gras transformés par les produits frits. Les graisses mono ou poly-insaturées

Saviez-vous que la consommation quotidienne de lipides en Europe est d'au moins 30 % supérieure à la quantité recommandée par les spécialistes ?

sont importantes pour la baisse du taux de cholestérol. Les acides gras oméga 3 en particulier font baisser le taux de triglycérides. La qualité des graisses que nous prenons dans l'alimentation et de celles qui sont fabriquées par le métabolisme humain dépend de la composition des acides gras. Les acides gras se divisent, selon leur teneur en graisses, en acides gras mono ou poly-insaturés (pour plus de détails à ce sujet, voir la page 26).

Les vitamines et les minéraux

Le corps ne peut lui-même fabriquer les vitamines et les minéraux, c'est pourquoi il lui en faut un apport quotidien. Pour la prévention de l'artériosclérose, les vitamines et les minéraux peuvent peu. Pour éliminer un taux de cholestérol élevé, vous devez veiller à un apport suffisant en acide folique et en vitamine B6. Pour cela, mangez les légumes verts, qui en sont riches ! Des études montrent que la consommation de chrome augmente le HDL. Le zinc quant à lui prévient l'oxydation nocive du HDL.

Bien boire

Les boissons n'ont que rarement une influence sur le taux de cholestérol. Les boissons sucrées comme la limonade et le coca augmentent cependant les triglycérides dans le sang. Cela vaut aussi pour les boissons au jus de fruit et pour les nectars de fruits. Même la teneur naturelle en sucre dans les jus de fruits peut contribuer à une hausse des triglycérides. La consommation quotidienne de liquide devrait, pour votre santé, comporter de préférence une grande part d'eau minérale et se situer aux alentours de 2 l.

Le café

Il n'y a pas de relation entre la consommation de café filtré et les maladies coronariennes. Si le café est préparé avec un filtre et que l'eau bouillante ne reste pas longtemps sur le moût de café, il n'y a pas d'effet nocif sur le taux de cholestérol à craindre. L'Organisation Mondiale de la Santé (OMS) recommande de ne pas boire plus de quatre tasses de café par jour, ce qui correspond à un demi litre de café.

L'alcool : à savourer sans excès

L'alcool est fondamentalement un produit toxique qui, quand il est consommé en excès, peut mener à des maladies et provoquer une dépendance. Il a été prouvé que l'alcool élève le taux de triglycérides dans le sang. Dans certaines études, il est cependant démontré que les personnes qui ne boivent pas d'alcool ont une mortalité plus élevée que les personnes qui en consomment un peu chaque jour.

Cela vient du fait que les boissons alcoolisées augmentent le HDL. La valeur recommandée par les médecins est de boire tous les jours dans une atmosphère détendue et en mangeant, un demi verre de vin rouge ou blanc, ce qui correspond à 150 ml. La consommation d'alcool devrait cependant toujours être discutée avec un médecin !

Ce que vous devez manger prioritairement et ce que vous ne devez manger qu'en petite quantité

Glucides	En abondance, surtout sous forme de produits du blé complet
Sucres	Peu, pas de sucres artificiels, plutôt des sucres naturels
Fibres	Au moins 35 grammes par jour ; prendre en outre des concentrés de fibres en complément des repas (graines de psyllium associées à de l'extrait d'artichaut)
Protéines	Avec modération ; les produits du soja quotidiennement
Lipides	Avec modération
Acides gras saturés	Le moins possible
Acides gras mono-insaturés	Avec modération ; quotidiennement de l'huile d'olive ou de colza
Acides gras poly-insaturés	Selon les besoins. Utiliser de la margarine de régime ou allégée comme graisse à tartiner
Phytostérine	Quotidiennement. Utiliser de la margarine à la phytostérine
Acides gras poly-insaturés	Aucuns (pas d'aliment frit ou de margarine de mauvaise qualité)
Cholestérol	200 à 300 mg

★ **Conseils** de spécialistes

Essayez de réduire l'apport en graisses animales comme le gras de viande ou la charcuterie, et achetez de la margarine de régime plutôt que du beurre. Mangez si possible des produits laitiers maigres. Le poisson, les légumes, les légumes secs, les fruits et les produits du blé complet devraient idéalement se trouver souvent à votre menu

Un choix important
les bons acides gras

Les graisses font grossir et provoquent toute une série de maladies. Ce point de vue n'est pas faux mais il est incomplet. Les lipides remplissent des fonctions vitales dans notre corps. En terme de facteur de risque cardio-vasculaires, les graisses diffèrent cependant considérablement !

Trop de graisses, ce n'est pas sain

Les lipides sont vitaux pour notre corps : ils sont porteurs de vitamines solubles dans la graisse, de matériaux de construction et d'entretien, de composants de base pour les substances signal comme les eicosanoïdes (voir page 38). Cependant, nous mangeons généralement trop gras. En outre, la composition des graisses est souvent nocive à notre organisme. L'apport total de lipides ne devrait pas dépasser 30% de notre apport énergétique. La consommation quotidienne de lipides se situe aux alentours de 150 grammes en moyenne, ce qui signifie que 40% de la quantité totale de calories provient des lipides. Même les bonnes graisses ne sont pas saines si on en consomme trop.

Qu'importe l'effet bénéfique sur le taux de cholestérol, trop de graisse est nocif pour le corps.

Veillez bien à ce que, dans votre alimentation, vous consommiez plus de bons acides gras et moins de mauvais. Mais quelles graisses et quels acides gras sont les bons ?

Que sont vraiment les acides gras ?
La molécule grasse typique est composée d'une part de glycérine et de trois acides gras sous la forme d'une fourche à trois dents. Les biochimistes les désignent par le terme de triglycérides ou de lipides neutres. Les acides gras qui sont contenus dans ces triglycérides se différencient par leur structure chimique. Ces acides gras déterminent le taux de lipides dans le sang et par là, notre santé.

On distingue les acides gras selon leur nombre d'atomes de carbone, que l'on appelle « chaîne carbonée », qu'ils contiennent et selon le nombre de liaisons doubles dans la molécule. S'il n'y a pas de liaisons doubles, on parle d'acides gras saturés alors que les acides gras insaturés simples ou composés présentent un « pli » dans la chaîne carbonée des acides gras. Plus le point de fusion baisse, plus le lipide devient « fluide ». En tenant compte de leur composition, vous pouvez différencier les acides gras saturés des acides gras insaturés.

Règle sans exception : les graisses qui restent fermes à température ambiante, comme la graisse de coco, contiennent beaucoup d'acides gras saturés. Si, en revanche, elles restent liquides même au réfrigérateur, comme beaucoup d'huiles végétales, elles contiennent beaucoup d'acides gras en grande partie insaturés.

Pourtant, comment se différencient les lipides les uns des autres et quelle influence ont-ils chacun sur le taux de cholestérol ?

Les acides gras saturés : à éviter le plus possible !
Ce sont les lipides saturés qui ont la plus forte influence sur le cholestérol. Les acides gras saturés proviennent principalement des aliments animaux. Ces acides gras sont superflus pour le corps : certes ils remplissent

des fonctions importantes dans le corps mais le corps peut les fabriquer lui-même selon ses besoins. C'est pourquoi nous n'avons pas besoin d'en apporter par l'alimentation. Les graisses saturées élèvent surtout la quantité de cholestérol LDL, qui est nocif, et de triglycérides dans le sang. Les aliments à haute teneur en acides gras saturés doivent être évités. Ce sont surtout des aliments qui contiennent des graisses animales.

Les aliments contenant une grande part d'acides gras saturés :

• Saindoux	• Beurre
• Crème fraîche	• Fromages et charcuteries
• Mayonnaise	• Graisse de coco

Vous pouvez souvent remplacer les graisses animales par des graisses végétales : utilisez pour tartiner de la margarine au lieu du beurre, de l'huile d'olive ou de tournesol pour cuisiner, remplacez le beurre ou le beurre clarifié en cuisine par de la margarine ou de l'huile végétale.

Les acides gras mono-insaturés entretiennent votre cœur

Les acides gras mono-insaturés ont pris une place importante dans notre alimentation depuis quelques années. Ils sont surtout contenus dans l'huile d'olive ou de colza. Des études ont montré que dans les pays méditerranéens, où l'on cuisine exclusivement à l'huile d'olive, les maladies cardio-vasculaires étaient beaucoup plus rares ! La raison : les acides gras mono-insaturés font baisser le cholestérol LDL et les triglycérides et ils augmentent en plus le cholestérol HDL. Les huiles d'olive et de colza en particulier devraient se trouver à votre menu plus souvent. Outre les acides gras insaturés, ces huiles contiennent aussi des acides gras poly-insaturés et beaucoup de substances végétales secondaires qui entretiennent le cœur.

Les acides gras poly-insaturés

Les acides gras poly-insaturés relèvent des nutriments essentiels. Cela signifie que notre corps ne peut tout simplement pas ou seulement dans une part très réduite les fabriquer lui-même. Nous devons donc nous les procurer dans la nourriture. Selon leur structure, on distingue deux groupes principaux d'acides gras poly-insaturés : les acides gras oméga 3 et oméga 6. Le chiffre indique la position des liaisons doubles dans les acides gras.

Les acides gras oméga 6

Le représentant principal des acides gras oméga 6 est l'acide linoléique essentiel. Il est contenu dans presque toutes les plantes. Des sources riches de cet acide gras sont les huiles de tournesol et de soja. L'acide linoléique peut être renouvelé plusieurs fois dans le corps et y construire de nouvelles liaisons doubles. C'est de ce processus que naissent d'autres représentants des acides gras oméga 6 comme l'acide arachidonique.

Les acides gras oméga 3

Le acides gras oméga 3 sont les plus sains des acides gras poly-insaturés. On les trouve surtout dans le poisson et les graisses de poisson mais aussi dans les plantes. L'acide gras essentiel alpha-linoléique est contenu dans l'huile de lin, l'huile de colza et les noix. Il est aussi construit en chaîne d'acides gras oméga 3 dans le corps.

Les huiles extraites des poissons riches en graisses comme le saumon, le hareng ou le maquereau contiennent directement les acides gras oméga 3. Jouent aussi un grand rôle les acides eicosapentaenoïque et docosahéxéanoïque. Ils favorisent la fluidité du sang, font baisser la tension et même le cholestérol. A partir de la page 38, vous trouverez plus d'informations sur l'importance des acides gras oméga 3.

L'huile d'olive est très digeste, elle fait baisser le cholestérol et les triglycérides. Comme elle est surtout utilisée dans les pays méditerranéens, on parle de « diète méditerranéenne ».

Les acides gras poly-insaturés font baisser le mauvais cholestérol LDL et les triglycérides dans le sang. Sur la quantité de cholestérol HDL, ils n'ont en revanche aucune influence.

Attention aux acides gras poly-insaturés oxydés !

Auparavant, on recommandait chaudement de mettre le plus possible d'acides gras insaturés à son menu. On sait aujourd'hui que les acides gras poly-insaturés apportent aussi des problèmes : à cause de leurs nombreuses liaisons doubles, ils s'oxydent facilement. L'oxydation se fait à l'air libre, où l'huile devient rance, mais aussi dans le sang. Les lipides oxydés perdent leurs propriétés positives et peuvent faire du tort au corps. N'utilisez donc qu'autant d'acides gras poly-insaturés qu'il vous est nécessaire pour couvrir vos besoins.

Les acides gras transformés : un danger pour la santé !

Les acides gras insaturés d'origine naturelle, grâce à leur double liaison, font un « pli » qui augmente leur souplesse et par la même occasion leurs effets bénéfiques sur le taux de cholestérol. Lors du durcissement des

Ce qui est important, c'est le rapport entre les graisses oméga 3 et oméga 6 dans l'alimentation. Un rapport de 1 à 5 a un effet bénéfique pour la santé. Nos habitudes alimentaires moyennes se situent aux alentours de 1 à 50 !

Les acides gras transformés n'existent que rarement l'état naturel. Ils apparaissent par le jeu de bactéries dans le ventre des ruminants en très petite quantité et sont donc, dans une très faible concentration, contenus dans les produits comme le lait, le beurre, la viande et la graisse de bœuf.

graisses, se développe des produits complémentaires non souhaités que l'on appelle des acides gras transformés. Dans ces acides gras, la structure chimique est différente. Ils sont bien sûr insaturés mais ils contiennent de toutes autres choses d'un point de vue physique et alimentaire. Ils augmentent nettement le mauvais cholestérol LDL. En cela, ils sont comparables aux acides gras saturés. De récentes études montrent en outre une baisse significative du bon cholestérol HDL sous l'effet des acides gras transformés.

Les acides gras transformés ne sont contenus en grande concentration que dans des graisses qui sont durcies par des procédés chimiques. Vous pouvez les repérer sur les listes d'ingrédients. Ce sont surtout des produits finis comme la pâte feuilletée ou les fritures qui en sont de vrais nids.

La composition idéale des lipides de votre menu

La consommation quotidienne réelle de lipides ne diverge pas seulement de la quantité globale recommandée. Même la composition des lipides et la quantité de chaque acide gras montrent des différences notables.

Nous consommons surtout trop d'acides gras saturés mais aussi trop peu d'acides gras poly-insaturés.

Le tableau suivant montre les apports recommandés et les consommations réelles telles que les décrivent les nombreuses enquête sur l'alimentation :

Part de l'apport énergétique

	Idéale	Réelle
Quantité globale de lipides	30%	36%
Acides gras saturés	7-10%	14,5%
Acides gras mono-insaturés	10-15%	13,5%
Acides gras poly-insaturés	7-10%	5,5%
Cholestérol	200 mg/dl	340 mg/dl

Les quantités conseillées sont donc au moins de 5% supérieures pour les acides gras saturés et devraient tout simplement être remplacées par des acides gras mono et poly-insaturés. Surveillez étroitement votre consommation globale de lipides. Idéalement, vous devriez éviter complètement les acides gras transformés. Utilisez les margarines allégées ou de régime et évitez les produits préparés.

Par une réduction de 10 % de la consommation de graisses et une diminution de l'apport d'acides gras saturés d'environ 6%, on peut faire baisser le cholestérol total de plus de 12%.

Utilisez :

Si possible pas d'acides gras transformés	
Si possible peu d'acides gras saturés	
Modérément les acides gras mono-insaturés	*1 à 3 cuillérées à soupe par jour d'huile d'olive ou de colza*
Suffisamment d'acides gras poly-insaturés	*1 à 2 cuillérées à soupe de margarine de régime à 50 % de matière grasse, d'huile de lin ou 2 cuillérées à soupe de margarine allégée à la phytostérine*

C'est seulement de cette manière que vous pourrez faire baisser de 10% votre taux de cholestérol et avec lui votre risque d'infarctus du myocarde !

Les margarines de régime ne contiennent pas de graisses transformées nocives ni de graisses durcies.

Des produits naturels
font baisser le cholestérol sans risque

La nature offre un grand nombre de produits à l'aide desquels vous pouvez faire baisser votre taux de cholestérol, sans médicaments. Très vite après le début du changement de votre alimentation, vous remarquerez une nette amélioration de votre taux de cholestérol !

Les artichauts : un double plus pour votre taux de cholestérol

Les artichauts consommés en tant que légumes sont la partie aérienne d'une variété de chardon (Cyrana scolymus) qui est originaire d'Afrique du Nord. Les parties comestibles sont les cœurs et les parties internes des feuilles.

Traditionnellement, les artichauts sont servis en entrée des repas copieux parce qu'ils améliorent la digestion des graisses. Les propriétés digestives de l'artichaut ont été soigneusement étudiées. Ils contiennent tout un cocktail de principes actifs qui régulent le foie et la vésicule biliaire. Ces agents ne se trouvent que dans les feuilles des artichauts. C'est d'elles que l'on tire l'extrait d'artichaut.

Quel effet a l'extrait d'artichaut ?
Les substances contenues dans l'artichaut agissent doublement sur le taux de cholestérol : d'une part, elles ralentissent la synthèse du cholestérol dans le foie. Cet effet est principalement dû à la cyranoside. Dans le corps, la lutéoline, une substance très active, est libérée dans le corps. Ce principe actif ralentit une enzyme que le foie utilise pour la fabrication du cholestérol, ce qui veut dire que le corps produit moins de cholestérol.

Dose recommandée

L'extrait d'artichaut se trouve en pharmacie. La quantité quotidienne recommandée est de 6 grammes de feuilles séchées et broyées.

D'autre part, l'extrait d'artichaut régule fortement l'activité du foie et de la vésicule biliaire. Certains composants de la bile sécrétée par le foie sont du cholestérol ou des acides biliaires riches en cholestérol. La bile décompose la graisse tirée de la nourriture en minuscules gouttelettes. Du coup, les enzymes digestives peuvent mieux séparer les graisses pour qu'elles puissent être assimilées par le corps. L'extrait d'artichaut augmente le renouvellement des acides biliaires dans le foie et stimule la sécrétion de bile en proportion par la vésicule biliaire dans l'intestin. Cet effet de l'artichaut est désigné par « l'effet cholestérol». Grâce à l'extrait d'artichaut, on peut faire baisser le cholestérol global et le cholestérol LDL d'environ 20%.

Un autre plus pour votre santé : l'extrait d'artichaut a un puissant effet antioxydant. Grâce à lui, la transformation des particules de LDL dans leur forme oxydée, le oLDL, diminue. D'après des études récentes, il semble que l'oLDL aide fortement à la formation de l'artériosclérose. L'extrait d'artichaut est donc un adjuvant important pour le cœur et les vaisseaux sanguins.

Les fibres sont un cadeau de la nature : elles ne contiennent pratiquement pas de calories tout en rassasiant et elles aident la digestion. Une alimentation riche en fibres fait baisser le risque de développer certains cancers ou des maladies cardio-vasculaires. Pourtant, les gens ne consomment généralement quotidiennement qu'environ deux tiers des 30 g de fibres recommandés au minimum. Ce sont surtout les fibres solubles à l'eau qui offrent une possibilité réelle de faire baisser le taux de cholestérol. Ces fibres deviennent visqueuse avec l'eau, elles forment ce que l'on appelle une solution visqueuse, alors que les fibres non solubles gonflent dans l'eau.

Un effet sans égal : les coques de graine de psyllium

Les fibres solubles à l'eau sont contenues dans de nombreux aliments mais la plupart du temps seulement en quantité réduite. Pour obtenir une diminution durable du cholestérol, la consommation régulière d'une dose élevée est nécessaire. Cela ne peut être atteint par une alimentation traditionnelle. La quantité nécessaire de son d'avoine, de graines de lin et des « bombes de fibres » de ce genre rendrait vite votre menu monotone ! Pourtant, la nature a préparé une solution bien plus efficace : les coques de graines de psyllium peuvent faire baisser le cholestérol global d'environ 10%. C'est surtout le mauvais cholestérol LDL qui est diminué, le bon cholestérol HDL reste lui en revanche inchangé. Le psyllium est un plantain lancéolé originaire d'Asie dont les graines sont désignées par le terme de « puce ». Dans ces graines, les fibres saines sont extrêmement concentrées : les graines de psyllium se constituent à 71% de fibres solubles à l'eau : aucune autre substance dans la nature ne contient une concentration aussi forte !

Avec 7 g de coques de graines de psyllium, vous pouvez obtenir le même effet qu'avec la consommation de 100 g de son d'avoine !

Quels effets ont les fibres solubles ?

L'efficacité des fibres solubles est à la fois simple et géniale : elles peuvent fixer les acides biliaires, riches en cholestérol, dans le gros intestin et empêcher ainsi un « recyclage » de ces acides biliaires.

La transformation du cholestérol en acides biliaires et la libération de ceux-ci dans l'intestin sont la seule possibilité pour le corps d'éliminer le cholestérol. Cette opération est facilitée par les fibres solubles à l'eau qui, par la fixation des acides biliaires dans le gros intestin, empêchent le réemploi de ces acides.

Les fibres solubles interrompent le processus de transformation des acides biliaires. Vu leur structure chimique spécifique, elles peuvent fixer les acides biliaires dans l'intestin et empêcher leur re-consommation dans le corps. Ainsi, l'élimination des acides biliaires, et donc indirectement l'élimination du cholestérol, est extrêmement forte. Pour pouvoir *Outre les acides biliaires, les fibres solubles fixent aussi en petite quantité le cholestérol et d'autres substances grasses.* préparer suffisamment d'acides biliaires pour la digestion des graisses, le corps est obligé de tirer du cholestérol du sang pour la fabrication. Conséquence : le taux de cholestérol diminue.

Puisque les fibres solubles font baisser en particulier le cholestérol LDL mais pas le cholestérol HDL, beaucoup d'hypocholestérolémiants de l'industrie pharmaceutique sont clairement superflus d'un point de vue thérapeutique.

Comment le cholestérol est « recyclé » dans le corps

■ *Chaque jour sont sécrétés dans le foie 600 à 800 ml de bile riche en cholestérol, qui contienne environ 10 g d'acides biliaires par litre. La bile est sécrétée dans la vésicule biliaire. La bile sépare les lipides de l'alimentation en petites gouttelettes. Les enzymes digestives dissocient bien les graisses pour qu'elles puissent mieux être assimilées par le corps. A chaque prise d'aliment, surtout si la nourriture est riche en graisses, de la bile est sécrétée par la vésicule biliaire.*

Si la digestion est bloquée, les acides biliaires ne sont pas éliminés dans les selles mais « recyclés ». Ils sont re-transportés vers le foie et remis dans la vésicule biliaire où ils resteront jusqu'au prochain repas, où ils seront re-sécrétés. De cette manière, il n'y a pas de cholestérol, dont la synthèse est précieuse pour le corps, qui est « gaspillé ». Cependant, puisque de toute façon la plupart des gens consomment une quantité trop importante de cholestérol, le corps connaît des problèmes d'élimination. Les moyens d'économie, qui étaient autrefois vitaux, ont pour conséquence aujourd'hui que le cholestérol superflu ne peut pas être correctement éliminé du corps.

Présentation et dosage du psyllium

Vous pouvez voir un effet des graines de cette plante sur le taux de cholestérol dès six à huit semaines après le début du traitement. Pour obtenir un effet, vous devez consommer cinq grammes de psyllium deux à trois fois par jour. Il est important de le consommer au cours des repas principaux : c'est à ces moments seulement que le psyllium peut pleinement donner son effet car c'est alors seulement que se trouvent dans l'intestin beaucoup d'acides biliaires. Les préparations au psyllium sont disponibles en pharmacie sans prescription.

Vous trouverez le psyllium sous forme de graines qui peuvent être mélangées à des boissons. Cette présentation est pratique parce qu'elle permet d'avoir un apport de liquide en même temps. Lors de la prise de fibres dans une forme aussi concentrée, il est important de boire suffisamment. La prise de graines non broyées n'est pas à recommander. Le broyage fait que les fibres solubles sont libérées et qu'elles peuvent agir pleinement.

Les graines de psyllium sont le partenaire idéal des préparations à l'artichaut. L'extrait d'artichaut permet une dissociation accrue des acides biliaires dans l'intestin où ceux-ci sont fixés puis éliminés par les préparations au psyllium.

Le psyllium améliore le taux de cholestérol

■ Les graines de psyllium font baisser le cholestérol global en moyenne de 3 à 10 % et le mauvais cholestérol LDL et 8 à 10%. Le HDL, quant à lui, ne baisse pas.

■ Dosage : 5 grammes deux à trois fois par jour au moment des repas avec suffisamment de liquide.

■ Les graines de psyllium sont en vente libre dans les pharmacies.

Le psyllium : idéal pour les diabétiques
Les préparations au psyllium sont particulièrement recommandées aux diabétiques. Ils peuvent par l'utilisation de psyllium obtenir de nettes baisses de leur taux de cholestérol et autant le mauvais LDL que le cholestérol global peuvent chuter de 9 à 20%. Outre la réduction du cholestérol, les fibres solubles ont pour les diabétiques un autre aspect positif : elles conduisent à une baisse de la montée du sucre dans le sang après le repas et à une baisse générale du taux de glucose dans le sang.

Le son d'avoine contient aussi des fibres solubles mais en faible concentration.

Les graines de psyllium en complément alimentaire

L'administration alimentaire américaine a reconnu depuis 1998 les graines de psyllium comme un moyen efficace de lutter contre un cholestérol trop élevé. Aux USA, les aliments comme les céréales pour petit déjeuner telles que les corn flakes, sont préparés avec du psyllium. En Europe, ce n'est pas encore le cas. Ici, les préparations au psyllium sont surtout incorporées dans les flocons laxatifs pour soigner la constipation mais aussi pour la diarrhée et pour le traitement des symptômes de l'intestin irrité..

Les huiles de poisson : des graisses qui entretiennent les artères

Pour le traitement des taux élevés de triglycérides, il n'existe encore aujourd'hui que peu de médicaments sur le marché. Il est donc d'autant plus important de faire baisser ce risque par des moyens naturels.

Déjà en 1944, le biochimiste britannique Hugh Sinclair a établi que les Esquimaux vivant au Canada étaient exceptionnellement peu concernés par les maladies cardio-vasculaires. Alors que dans les pays industrialisés occidentaux, une personne sur deux meurt des suites de cette maladie typique de notre civilisation, seulement sept pour cent des Esquimaux en meurent. Le docteur Sinclair avait déjà émis l'hypothèse que la raison de cette bonne santé du cœur était à rechercher dans la consommation de poisson cru des Esquimaux. Pourtant, ce n'est que dans les années 1970 qu'a commencé vraiment la recherche sur cette question. On sait aujourd'hui que la graisse que les Esquimaux consomment par le poisson et la viande de phoque, contient une grande proportion d'acides gras oméga 3. Ces acides gras ont été depuis intensément étudiés.

Les acides gras oméga 3 EPA et DHA
Parmi les acides gras oméga 3, on compte l'acide eicosapentaénoïque et l'acide docosahexéanoïque, en abrégé EPA et DHA. Ces deux acides gras ont des chaînes particulièrement longues et sont désignés par le terme d'eicosanes. Ils ne peuvent être fabriqués par le corps lui-même, ils sont donc essentiels. L'homme n'a aussi aucune possibilité de sécréter les eicosanes dans le corps. Vous devez donc avoir un apport régulier, idéalement quotidien, par l'alimentation.

Quel effet ont les acides gras oméga 3 ?
Les eicosanes (ou acides gras oméga 3) peuvent faire baisser le taux de cholestérol et de triglycérides en grandes proportions. Des taux de triglycérides élevés, surtout en relation avec des valeurs de HDL faibles, constituent un facteur de risque de maladies cardio-vasculaires à prendre au sérieux. Dès un taux de triglycérides de plus de 200 mg/dl, le risque de maladie augmente dramatiquement.
Des études établissent que l'effet anti-triglycérides des acides gras oméga 3 est d'autant plus efficace que les taux de triglycérides sont hauts au début de la thérapie.

Les eicosanes sont les plus efficaces pour soigner des taux de triglycérides de plus de 200mg/dl. Dans ce cas, les acides gras oméga 3 peuvent à eux seuls provoquer une baisse des triglycérides allant jusqu'à 48% ! En moyenne, vous obtiendrez par la prise d'eicosanes une baisse des triglycérides de 20 à 25 %. Le cholestérol global baissera d'environ 10%.

L'effet des acides gras oméga 3

L'effet des acides gras oméga 3 est prouvé par plusieurs études.
■ *Plus de 300 patients ayant un taux de cholestérol élevé ont reçu régulièrement pendant sept ans ou du concentré d'acides gras oméga 3 ou un médicament-leurre sans effet. Chez les personnes du premier groupe, les taux de cholestérol et de triglycérides ont nettement baissé. Le rapport entre le mauvais LDL et le bon HDL s'est lui aussi amélioré.*
■ *Dans une autre étude, plus de 11 000 patients qui avaient subi trois mois auparavant un infarctus du myocarde, ont reçu tous les jours pendant un trimestre soit des capsules contenant 1 g d'acides gras oméga 3 soit un médicament-leurre (placebo). Chez les patients qui ont reçu l'oméga 3, le risque de mortalité globale a baissé de 20% par rapport au groupe qui a reçu le placebo. Le risque de décès par infarctus du myocarde ou attaque d'apoplexie est donc réduit d'environ 30% par la prise d'acides gras oméga 3 ! Le risque général d'une maladie coronarienne baisse lui de 15%.*
■ *Par la consommation de préparations contenant des acides gras oméga 3, une nette diminution du taux de triglycérides après le repas peut être observée. Ce sont précisément les hautes valeurs de triglycérides après la prise d'aliments qui ont un potentiel de danger élevé.*

Les eicosanes interviennent à plusieurs niveaux dans le métabolisme du corps :
■ Dans le foie, ils ralentissent la production de graisses neutres et de lipoprotéines.
■ L'élimination des lipoprotéines dans les artères et dans le foie est accélérée.
■ Les acides gras oméga 3 ralentissent l'élimination des lipides dans les tissus du corps (lipolyse). C'est par la lipolyse que les acides gras sont éliminés du corps et déversés dans le sang. Le foie filtre les acides gras du sang. Dans le foie sont fabriquées de nouvelles graisses qui sont construites sous forme de lipoprotéines et à nouveau déversées dans le sang. Par le ralentissement de la lipolyse provoquée par la prise d'acides gras oméga 3, les lipoprotéines qui sont formées dans le foie contiennent moins de triglycérides.

Les acides gras oméga 3 constituent aussi pour les diabétiques un complément alimentaire pertinent parce qu'ils ne détériorent pas la tolérance au glucose.

Les eicosanes sont-ils aussi efficaces pour le diabète ?

Si vous êtes diabétique, les acides gras oméga 3 sont pour vous un complément alimentaire particulièrement adapté. Jusqu'à 60% des diabétiques ont un taux de lipides dans le sang élevé qui se traduit dans 80% des cas par une élévation des taux de triglycérides. Chez eux, les différentes formes du métabolisme sont perturbées, ce qui conduit à un taux élevé des lipides dans le sang. Les acides gras interviennent dans le métabolisme des lipides et agissent précisément contre les déficiences que provoque le diabète. En outre, il est aussi avéré que l'huile de poisson ne mène à aucune détérioration de la tolérance au glucose.

L'action bénéfique des acides gras oméga 3 pour les maladies cardio-vasculaires va bien plus loin que la simple faculté d'améliorer les quantités de lipides dans le sang :

■ Les acides gras oméga 3 sont installés dans les globules rouges et aident ceux-ci à rester souples. Ainsi, ils peuvent aussi circuler dans les vaisseaux sanguins les plus petits, ce qui améliore la circulation générale.

■ Des messagers chimiques sont construits à partir des acides gras oméga 3. Ceux-ci réduisent l'accumulation de petites plaques de sang et ralentissent ainsi la formation de caillots de sang dans les canaux sanguins. Les caillots déjà formés sont aussi éliminés sous l'influence des acides gras oméga 3.

■ Les acides gras oméga 3 régissent la formation du monoxyde d'azote, une substance qui élargit les vaisseaux sanguins. Cela améliore la circulation et fait baisser la tension.

■ Les acides gras oméga 3 ont un effet anti-inflammatoire, ce qui fait qu'ils sont utilisés pour soigner la goutte, l'arthrose, la névrodermite et d'autres maladies inflammatoires.

Quels sont les aliments riches en eicosanes ?

Les eicosanes sont contenus en grande quantité presque exclusivement dans les poissons d'eau froide. Les meilleures sources sont le hareng, le maquereau, le saumon et le thon. Pour prendre une quantité suffisante d'acides gras oméga 3, vous devez consommer chaque semaine deux repas contenant 150 à 200 g de poisson gras. Les poissons gras contiennent aussi de grandes quantités d'autres graisses, votre alimentation sera donc inévitablement riche en graisses. La consommation régulière de poisson est à recommander pour son apport significatif en iode., Pour pouvoir bénéficier d'une prise suffisante et durable d'acides gras oméga 3, vous devez cependant recourir à des préparations, si possible sans produits toxiques, en pharmacie.

Les eicosanes font baisser les triglycérides

- Action : les eicosanes naturels font baisser les triglycérides jusqu'à 20-25 % et le cholestérol global d'environ 10%. Le HDL ne baisse pas.
- Dosage : prenez trois fois par jour 2 capsules de 750 mg d'huile de poisson avec un peu de liquide au moment des repas.
- Vous trouverez des préparations à haute teneur en huiles de poisson, qui sont dépouillées de leurs substances toxiques, en vente libre dans les pharmacies

Le saumon et le hareng sont particulièrement riches en acides gras oméga 3

Les phytostérines entretiennent le cœur et les vaisseaux

*La capacité des phytosté-
rines à faire baisser le cholestérol dépend fortement
de plusieurs facteurs, entre
autres le taux de cholestérol global et la prédisposi-
tion génétique. Les taux de
HDL et de triglycérides ne
sont pas influencés par les
phytostérines.*

Les phytostérines sont des composants de lipides de plantes et des composants naturels de notre alimentation. Ils appartiennent au groupe des substances végétales secondaires. Celles-ci sont des tissus végétaux qui ne procurent pas d'énergie comme les hydrates de carbone primaires, les protéines et les lipides mais ils procurent les arômes, le parfum et la couleur. On leur prête généralement beaucoup d'effets bénéfiques pour la santé.

Les phytostérines sont contenues dans toutes les membranes de cellules végétales. Par leur structure chimique et leurs fonctions, elles sont très semblables au cholestérol que l'on trouve dans les aliments d'origine animale. C'est pourquoi elles freinent l'assimilation du cholestérol dans l'intestin et aident à son élimination par les selles. Ainsi, la consommation de phytostérines aide à faire baisser le taux de cholestérol global et le cholestérol LDL.

Les aliments qui contiennent beaucoup de phytostérine

Les phytostérines se trouvent dans les aliments d'origine végétale ayant une part élevée de lipides. Sont particulièrement riches en phytostérine les graines de sésame (714 mg /100g) et les graines de tournesol (534 mg/100g). Les plantes pauvres en lipides comme les fruits et les légumes n'en contiennent en revanche que peu. Nous consommons chaque jour approximativement 200 à 400 mg de phytostérine par l'alimentation. La plus grande part provient des graisses végétales, des céréales et des produits céréaliers. La quantité de phytostérines consommée varie toutefois fortement selon les habitudes alimentaires. Par exemple, les personnes végétariennes consomment généralement nettement plus de phytostérine parce qu'ils consomment de plus grandes quantités de noix et de graines. C'est pourquoi ils ont la plupart du temps un risque moindre d'avoir une maladie cardio-vasculaire.

Quand se développe l'effet optimal des phytostérines ?

Un ralentissement sensible de l'absorption de cholestérol ne peut être atteint que si les phytostérines sont prises en même temps que le cholestérol !

Outre le ralentissement de l'assimilation du cholestérol, les phytostérines semblent influencer également le métabolisme du cholestérol dans le corps car même si elles ne sont pas portées par l'intestin dans le corps mais, selon des études, directement assimilées par le sang, elles provoquent une baisse du cholestérol. Ces effets n'ont pas été clairement élucidés jusqu'à aujourd'hui.

En consommant régulièrement des phytostérines, vous pouvez constater une amélioration de votre taux de cholestérol dès trois semaines après le début de la prise !

Les phytostérines n'exercent un effet positif sur le taux de cholestérol que dans la mesure où elles sont consommées régulièrement. De courtes interruptions ne font pas remonter le cholestérol mais si vous ne prenez plus du tout de phytostérines, le taux de cholestérol retrouvera vite son niveau de départ. C'est pourquoi les stérines de plantes doivent faire durablement partie de votre menu.

Pour faire baisser efficacement votre taux de cholestérol, vous devez consommer chaque jour au moins 1 g de phytostérines. Vous pourrez obtenir les meilleurs résultats en prenant chaque jour 1,6 à 2 g de phytostérines. Comme les phytostérines sont surtout contenues dans les parties grasses des plantes, votre alimentation serait forcément trop calorique et donc mauvaise pour votre santé. Vous devriez par exemple manger 200 g de graines de sésame tous les jours pour consommer 1,6 g de phytostérines.

Aujourd'hui, les phytostérines sont contenues dans ce que l'on appelle les aliments fonctionnels, grâce auxquels une grande consommation est possible simplement. La graisse à tartiner Becel pro-active est une margarine allégée qui contient 8 g de phytostérines pour 100 g. En consommant 20 à 25 grammes de cette margarine, vous obtiendrez déjà la quantité suffisante de phytostérines.

Ce que vous pouvez attendre de la consommation de phytostérines :
Les phytostérines ont pour effet de faire baisser le taux de carotinoïdes dans le sang. Il n'y a normalement aucun problème car une alimentation saine contient suffisamment de carotinoïdes avec les légumes et les fruits.

Chez les personnes ayant de grands besoins de vitamine A, comme les femmes enceintes ou allaitant et les enfants, les phytostérines ne sont cependant à recommander qu'en petites quantités.

Les phytostérines font baisser le taux de cholestérol

- *Action : les phytostérines font baisser le taux global de cholestérol de 10 à 15%, le mauvais cholestérol LDL d'environ 5%. Le taux de HDL ne baisse pas.*
- *Dosage : la dose optimale quotidienne pour faire baisser le cholestérol est de 1,6 à 2g de phytostérine qui est contenue par exemple dans 20 à 25 g de Becel pro-active.*
- *Vous trouverez de la margarine Becel pro-active dans tous les magasins d'alimentation.*

Le soja, cette fève bonne pour le cœur

Les fèves de soja sont d'autant plus efficaces que le taux de cholestérol de départ est élevé. Le soja marche mieux avec des taux de cholestérol supérieurs à 275 mg/dl.

Le soja (Glycine max) est une des plantes cultivées les plus importantes du monde : elle est principalement cultivée en Asie, en Amérique du Nord, en Amérique du Sud, en Afrique et dans le sud de la Russie et constitue l'un des aliments les plus sains qui se trouvent sur le marché. La fève de soja contient environ 40% de protides qui contiennent tous les acides aminés vitaux. On en tire une huile très précieuse qui contient beaucoup d'acides gras insaturés et en plus beaucoup de minéraux et de vitamines A et B (complexe). Le soja ne contient pas de cholestérol et se distingue par ses éléments qui peuvent faire baisser activement le taux de cholestérol.

Le soja apporte du changement dans les menus

Le soja peut sans problème être intégré dans les plats car il existe sous plusieurs formes (il n'y a pas que le tofu qui soit constitué de soja). Outre les produits de remplacement de la viande comme les petites saucisses, la charcuterie et les produits de ce genre, vous trouverez également en maison de diététique différentes préparations à tartiner, des desserts et des boissons au soja. Il existe comme condiments deux produits de fermentation : le shoyu (sauce soja) et le miso. Le shoyu est préparé à partir d'autres sauces piquantes dont la Worcestersauce. De bonnes alternatives aux bombes de cholestérol comme la crème sont faites à partir du soja. Tous ces produits valent la peine d'être essayés au moins une fois, pour le bien de votre santé !
Le soja contient plusieurs substances qui influencent positivement le taux de cholestérol et permettent ainsi d'éviter les maladies cardio-vasculaires .

Les phytostérines

Les phytostérines, qui appartiennent au groupe des substances végétales secondaires, font baisser le cholestérol et semblent en outre prévenir du cancer. Elles sont contenues principalement dans l'huile de soja. 100ml d'huile de soja vierge, par exemple, contient 494 mg de phytostérines.

Les phytoestrogènes ressemblent par leur structure et leurs fonctions aux oestrogènes humains, qui sont des hormones sexuelles.

Les protéines de soja

Les protéines de soja peuvent avoir pour action une baisse du cholestérol global et du LDL. La prise quotidienne de 25 g de protéines de soja peut déjà apporter une baisse du taux de cholestérol d'en moyenne 5%. De récentes études portent à conclure que les protéines de soja accélèrent l'élimination du cholestérol LDL du sang parce qu'elles en soutiennent la consommation dans le foie.

Les phytoestrogènes

Sous le terme de phytoestrogènes sont regroupés les composants végétaux isoflavones et lignanes. Ces substances ressemblent par leur structure et leurs fonctions à des oestrogènes (hormones sexuelles humaines).

Les lignanes se trouvent dans les parties externes des grains de céréales. Lors de la fabrication de farines, ces parties externes et, avec elles les lignanes, sont enlevées. C'est pourquoi vous devez préférer les produits aux céréales complètes. Les céréales sont notre plus grand dispensateur de lignanes ; les légumes n'en contiennent en revanche qu'une faible quantité.

Les isoflavones ne se trouvent en revanche présentes que dans peu de familles de plantes. On les trouve surtout dans les légumes secs originaires des Tropiques parmi lesquels les fèves de soja constituent la source la plus riche d'isoflavones.

Au Japon, ce sont entre 7,8 et 12,4 mg d'isoflavones qui sont consommés chaque jour au travers des produits du soja. Dans les pays industrialisés occidentaux, ce ne sont en revanche qu'environ 5 mg par jour.

L'effet des phytoestrogènes

Pour pouvoir ressentir durablement leurs effets, les phytoestrogènes doivent être pris en mangeant en quantité suffisante et pendant longtemps.

Jusqu'ici, il n'a pas encore été clairement démontré si les phytoestrogènes ont un effet direct sur le taux de cholestérol mais l'action anti-oxydante des isoflavones offre indubitablement un avantage pour soigner les maladies cardio-vasculaires : les isoflavones chassent les radicaux libres et protègent ainsi les cellules du corps. C'est par les radicaux libres que le LDL est transformé en LDL oxydé. Ce LDL transformé présente un risque particulier pour la formation de maladies cardio-vasculaires. Les fèves de soja offrent ainsi, par l'action anti-oxydante des phytoestrogènes, une protection efficace du cœur.

Après le repas, les phytoestrogènes pénètrent rapidement dans le sang mais ils sont aussi rapidement éliminés. Pour pouvoir bénéficier de leur effet traitant, les phytoestrogènes doivent être contenus dans les plats pendant longtemps et en quantité suffisante. Cela signifie pour la majorité des personnes un changement plus important de comportement alimentaire qui demande discipline et endurance. Si cela vous est trop pénible, vous pouvez naturellement aussi avoir recours à des compléments alimentaires que vous trouverez en pharmacie ou en magasin de diététique.

Les autres plus des phytoestrogènes
Les phytoestrogènes sont semblables dans leur structure aux oestrogènes humains et peuvent avoir les mêmes effets, en plus faible, que ceux-ci :

■ Ils peuvent ainsi provoquer un « trop-plein » d'oestrogènes et par là provoquer la formation de tumeurs dépendantes des hormones comme le cancer du sein.

■ En cas de manque d'oestrogènes, les phytoestrogènes peuvent être utiles pour compenser ce manque : les symptômes de la ménopause sont ainsi diminués.

■ Les phytoestrogènes offrent un traitement efficace de l'artériosclérose et de l'ostéoporose, les suites à long terme d'un manque d'oestrogènes.

La lécithine
La lécithine est un terme générique pour désigner certains composants lipidiques. Les lécithines sont contenues dans toutes les cellules animales et végétales où elles régissent l'élasticité et la résistance des parois des cellules. On trouve de la lécithine en grande quantité dans le cerveau, les cellules nerveuses, le cœur, le foie et les reins.

La lécithine est faite d'acides gras, de glycérine, d'acides phosphorés et de choline. Ce sont les acides gras essentiels qui rendent la lécithine précieuse pour le corps. Par exemple, la lécithine de soja contient 75% d'acides gras essentiels alors que la lécithine d'œuf compte plus d'acides gras saturés. La part d'acides linoléiques de la lécithine de soja avoisine les 60%. Cet acide gras est en grande partie responsable de l'action anti-cholestérol de la lécithine de soja. La choline, qui peut être libérée de la lécithine, compte pour beaucoup dans les autres effets positifs de la lécithine.

Comment la lécithine agit sur le taux de cholestérol
La lécithine offre un traitement efficace des maladies cardio-vasculaires. Elle peut faire baisser le taux de cholestérol global et celui de cholestérol LDL, les baisses pouvant aller jusqu'à 23%. La lécithine ralentit l'assimilation du cholestérol dans l'intestin. En outre, elle régule le transport du HDL. La lécithine normalise aussi l'utilisation du cholestérol car elle régule la formation des acides biliaires.

Les lécithines sont utilisées dans l'industrie agro-alimentaire comme émulsifiants, ce qui veut dire qu'elles lient les aliments liquides et les aliments gras. C'est pour cela qu'on les trouve dans beaucoup de préparations grasses comme le chocolat, la glace, la pâtisserie, les puddings et la margarine. Beaucoup de préparations pharmaceutiques contiennent de la lécithine.

En prenant de la lécithine, vous pouvez en outre profiter d'autres effets positifs :

■ La lécithine est importante pour un fonctionnement optimal du cerveau et des nerfs et elle peut calmer les manifestations de stress comme la tension et la nervosité.

■ Elle entretient en outre la fonction du foie et traite l'organe lui-même contre les dommages causés par l'alcool, les virus et les substances toxiques.

Les produits naturels sont efficaces !

Comme vous le voyez, un taux trop élevé de cholestérol peut très bien baisser par des moyens naturels. Dans les tableaux suivants, vous verrez comment votre cholestérol peut être amélioré par les moyens que nous avons présentés. Les effets de chaque substance ne se complètent pas entièrement car plusieurs substances interviennent au même niveau dans le métabolisme. Cependant, la combinaison de toutes les possibilités offre un résultat appréciable.

Moyen	LDL	Triglycérides	HDL
Sport	-	-	+ 2 à 3 mg/dl
Diminution des Acides gras saturés	- 10%	-	-
Psyllium + extrait d'artichaut	- 12%	-	-
Huiles de poisson	-	20-25%	- ?
Phytostérine	- 5%	-	-
Proétéines de soja	–5%	-	-
Lécithine	Maximum 23%	-	- ?

Au total, vous pouvez faire baisser votre taux de cholestérol LDL d'environ 30% et votre taux de triglycérides de plus de 20% uniquement par des moyens naturels. En même temps, vous pouvez faire monter le HDL d'au moins deux à trois mg/dl. Jusqu'à un taux de cholestérol de 300 mg/dl, vous pouvez y arriver en évitant complètement les médicaments. A partir de 350 mg/dl, cela peut aussi se faire : tout dépend des circonstances. Pour des valeurs de plus de 400 mg/dl, des médicaments complémentaires sont nécessaires. Cela signifie que dans une large mesure, au moins 50%, les hypocholestérolémiants sont superflus.

Si vous voulez faire baisser naturellement votre taux de cholestérol, vous ne devez pas manquer de mettre la graine de psyllium à votre menu.

14 conseils importants pour la pratique

1. L'exercice augmente le taux de HDL ! Essayez un sport d'endurance comme la natation, la marche, le jogging, l'aquagym ou la danse, et mettez-le si possible tous les jours à votre programme. Même une longue promenade régulière peut avoir des effets étonnants.

2. Pour consommer plus de fibres qui font baisser le cholestérol, essayez donc les légumes et les herbes pour vos tartines. Ils contiennent beaucoup de fibres, de minéraux et de vitamines mais peu de graisses. En outre, ils sont bons et rassasient. Les légumes et les fines herbes conviennent merveilleusement pour remplacer le beurre et la margarine.

3. N'utilisez que de la margarine de régime ou de la margarine allégée à la phytostérine comme graisse à tartiner et en petite quantité ! Pour cuire ou cuisiner, les graisses allégées ne sont toutefois pas recommandées. Utilisez de l'huile d'olive ou de colza pour cuire.

4. Choisissez des méthodes de préparation saines comme la vapeur, la cuisson en papillotes, le micro-ondes ou des cuissons dans des poêles anti-adhésives, au four ou au grill.

5. Essayez pour le déjeuner un plat végétarien, comme un plat d'épinards avec du yaourt allégé, de jeunes carottes avec de l'aneth, une tomate grillée avec des petits morceaux d'ail et de ciboulette. Les nombreuses fibres, vitamines et les minéraux et, en même temps le peu de graisses et de cholestérol sont un bienfait pour votre métabolisme.

6. Essayez donc le seigle, le blé, l'épeautre ou le mil cuit comme accompagnement de votre déjeuner. Les céréales complètes sont un bienfait pour l'intestin et le métabolisme car elles rassasient, sont pauvres en calories et font baisser le taux de cholestérol.

Vous trouverez des mélanges de céréales dans les magasins de diététique ou les magasins bio.

7. Utilisez l'huile d'olive ou de colza pour vos salades. Ces huiles sont aussi indiquées pour les cuissons rapides.

8. Le tofu contient beaucoup de protéines de soja qui font baisser le cholestérol et de phytoestrogènes bons pour la santé. Pour le repas du soir, faites mariner le tofu dans un mélange épicé fait d'herbes, d'oignons et d'un peu d'huile de colza, votre plat au tofu aura ainsi une saveur exceptionnelle.

9. Pour les fans de poisson qui ont un taux de cholestérol élevé, il y a de très nombreuses possibilités pour résoudre leur problème car les poissons riches en graisses comme le saumon, le hareng et le maquereau contiennent beaucoup d'acides gras oméga 3 qui font baisser le taux de triglycérides.

10. Dans le lait et les produits laitiers comme le yaourt, préférez les variantes à 1,5% de matière grasse ou, encore mieux, à 0,1% de matière grasse.

11. Les légumes secs sont de vrais bombes de fibres riches en vitamines et en minéraux et sont en même temps sans graisse et pauvres en calories. Que diriez-vous d'un plat de lentilles à l'aigre-doux ou d'un délicieux potage aux haricots blancs ?

12. Les spécialités au fromage blanc, le fromage blanc aux herbes ou les préparations de ce genre ont presque le même goût que les préparations à la crème si vous les montez au fouet. Vous éviterez ainsi les lipides, les acides gras saturés et le cholestérol mais vous ne perdrez rien au goût.

13. Tartinez plus souvent vos pains complets avec des préparations tartinables végétales ou des produits du soja, du fromage blanc maigre bien relevé ou du fromage allégé (20 à 40 % de matière grasse).

14. Enrichissez toujours vos yaourts maigres, vos fromages blancs et vos salades de fruits avec deux cuillérées à café de graines de psyllium mais n'oubliez jamais que vous devez boire suffisamment en même temps.

Idées petit déjeuner
pour un plaisir léger

Pour vous mettre en train le matin, vous devez vous accorder un bon petit déjeuner riche en fibres. Un muesli plein de vitamines ou des petits pains complets fourrés avec fantaisie vous donneront l'énergie nécessaire pour démarrer la journée sans charger votre taux de cholestérol.

Tout dépend des ingrédients !

Veillez à toujours préparer votre muesli avec des produits laitiers maigres et à utiliser pour tartiner vos petits pains de préférence de la margarine à 50%, si possible avec de la phytostérine, vous éviterez ainsi trop d'acides gras saturés et vous épargnerez en même temps des calories inutiles.
Pour que vous ayez une meilleure visibilité de la composition de votre menu, toutes les recettes sont accompagnées de renseignements précis sur les apports nutritionnels.

Muesli aux prunes

40 g de flocons d'avoine
1 cuillérée à soupe de sucre
ou d'édulcorant
100 g de prunes
2 tasses de thé vert

1/2 poire
100 g de yaourt maigre
(0,1% de matière grasse)
3 cuillérées à soupe de nectar
orange-prune

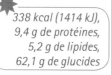

338 kcal (1414 kJ),
9,4 g de protéines,
5,2 g de lipides,
62,1 g de glucides

❶ Faire griller légèrement les flocons d'avoine avec le sucre jusqu'à ce que celui-ci caramélise.
❷ Dénoyauter les prunes et les couper en morceaux, couper la poire en deux et la détailler en lamelles.
❸ Mélanger le yaourt avec le nectar de fruits.
❹ Disposer les fruits, le muesli et le yaourt dans une assiette creuse. Servir avec le thé.

Yaourt au miel et aux fruits

150 g de yaourt maigre
(0,1% de matière grasse)

1 cuillérée à soupe de miel liquide
ou de sirop pour diabétique

200 g de fruits (pomme, raisin,
mandarine, kiwi)

30 g de corn flakes
(par exemple de Kellogs)
ou de flocons d'avoine

2 tasses d'infusion

0,2 l de jus d'oranges
fraîchement pressé

❶ Chauffer légèrement le miel au micro-ondes ou au bain-marie et le mélanger au yaourt.

❷ Laver les fruits, les couper en petits morceaux et les mettre avec les corn flakes sur le yaourt.

❸ Servir avec le jus d'orange et l'infusion

397 kcal (1661 kJ),
9,7g de protéines,
3,4g de lipides, 83,2g
de glucides (6,9 équi-
valent pain)

Muesli aux fibres

1 orange
1 kiwi
1 cuillérée à soupe de raisins
3 cuillérées à soupe de flocons
d'avoine

150 g de yaourt maigre
(0,1% de matière grasse)
1 cuillérée à soupe de germe de blé,
de graines de psyllium ou de graines
de lin doré.

329 kcal (1377 kJ),
14,3 g de protéines,
6,0 g de lipides, 53,6 g
de glucides

❶ Peler l'orange et le kiwi et les couper en morceaux.
❷ Présenter joliment tous les ingrédients dans un verre et saupoudrer avec le germe de blé.

Petit déjeuner sucré

1 petit pain au blé complet (50 g)
10 g de margarine allégée à la
phytostérine
20 g d'édulcorant ou de sirop
pour diabétique

1 cuillérée à soupe de fromage
blanc maigre
1 pêche
0,2 l de boisson
1 tranche de pain de seigle

352 kcal (1473 kJ),
15,3 g de protéines,
5,1 g de lipides, 58,5 g
de glucides

❶ Trancher le petit pain et tartiner la moitié avec la margarine allégée et le sirop de sucre
❷ Disposer le fromage blanc sur le pain, couvrir de quartiers de pêche.
❸ Servir avec la boisson de votre choix.

Fromage blanc à l'artichaut et à la ciboulette

100 g de fromage blanc maigre
1 cuillérée à soupe de ciboulette ciselée
poivre
0,2 l de boisson

2 cuillérées à soupe de jus d'artichaut
sel iodé et fluoré
2 tranches de pain complet

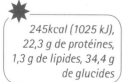

245kcal (1025 kJ),
22,3 g de protéines,
1,3 g de lipides, 34,4 g
de glucides

❶ Mélanger le fromage blanc et le jus d'artichaut.
❷ Parsemer de ciboulette, assaisonner et tartiner le pain avec cette préparation. Accompagner de la boisson de votre choix.

Petit déjeuner bien-être

1 petit pain complet
50 g de fromage blanc maigre
1 cuillérée à soupe de yaourt allégé
1 tomate
oignon en dés
1/2 botte de cresson

sel iodé
poivre
0,2 l de jus de légumes
2 cuillérées à soupe de jus
d'artichaut
2 tasses de thé vert

❶ Couper le petit pain, mélanger le yaourt et le fromage blanc et répartir le mélange sur les deux moitiés de pain.

> 322 kcal (1347 kJ),
> 17,6 g de protéines,
> 2,8 g de lipides, 55,4 g
> de glucides

❷ Disposer sur une moitié des rondelles de tomate et des oignons et sur l'autre du cresson. Saler légèrement et poivrer.

❸ Mélanger le jus de légumes et le jus d'artichaut et assaisonner.

❹ Servir le petit déjeuner. Accompagner de thé.

Petit déjeuner complet

1 petit pain complet
20 g de confiture de régime à l'édulcorant
50 g de fromage blanc maigre
0,2 l de boisson

1 cuillérée à café de margarine à la phytostérine
1 tranche de pain complet
20 g de nectar prune-orange (en maison de diététique)

❶ Couper le petit pain et le tartiner de margarine et de confiture.

> 364 kcal (523 kJ),
> 17,6 g de protéines,
> 4,2 g de lipides, 62,7 g
> de glucides

❷ Mélanger le fromage blanc avec la préparation aux fruits et étaler sur le pain.

❸ Servir avec la boisson de votre choix.

En-cas et boissons
anti-cholestérol

Pour contrôler le cholestérol de son alimentation, l'idéal est de faire quatre à cinq repas répartis dans la journée. Un délicieux en-cas qui stimule sans alourdir est un bienfait pour l'organisme tout entier et permet de faire le plein d'énergie.

Du plaisir sans remords

Vous avez le choix entre le sucré et l'épicé : que ce soient des boissons fruitées ou des en-cas savoureux, nous vous proposons de nombreuses possibilités pour calmer les petites faims entre les repas avec peu de calories et de lipides.

Yaourt aux fines herbes

1 tranche de pain suédois
(par exemple de Wasa)
2 tasses de thé vert
2 cuillérées à soupe de fines
herbes hachées

2 cuillérées à soupe de jus
d'artichaut
1 pot de yaourt allégé
(0,1% de matière grasse)

104 kcal (435 kJ),
6,4 g de protéines,
2,5 g de lipides,
12,5 g de glucides

❶ Emietter grossièrement le pain et le mélanger avec le jus d'artichaut et les fines herbes au yaourt.
❷ Accompagner cette préparation avec le thé.

En-cas anti-cholestérol

*2 cuillérées à soupe de jus
d'artichaut
0,2 l de jus de tomate
1 pincée de sel au céleri
1 pincée de poivre*

*quelques gouttes de
Worcestersauce
1 tranche de pain suédois
(par exemple de Wasa)*

❶   Mélanger le jus d'artichaut avec le jus de tomate, le sel au céleri, le poivre et la Worcestersauce et verser le tout dans un grand verre.

❷   Servir frais. Accompagner d'une tranche de pain suédois.

*70 kcal (293 kJ),
2,8 g de protéines,
0,4 g de lipides, 1
2,8 g de glucides*

Yaourt aux fines herbes et à l'artichaut

150 g de yaourt allégé (0,1% de matière grasse)
2-3 cuillérées à soupe de fines herbes finement hachées
sel au céleri

2 cuillérées à soupe de jus d'artichaut
jus de citron
poivre

81 kcal (339 kJ),
6,1 g de protéines,
2,5 g de lipides,
7,5 g de glucides

❶ Mélanger le yaourt avec les fines herbes et le jus d'artichaut.
❷ Bien assaisonner avec le citron, le poivre et le sel.

Boisson vitaminée rassasiante

0,2 l de jus de fruits multivitaminé
1 cuillérée à soupe de graines de lin ou de graines de psyllium

1 banane

220 kcal (918 kJ),
2,6 g de protéines,
0,3 g de lipides,
49,6 g de glucides

❶ Bien mélanger le jus de fruits multivitaminé avec le psyllium.
❷ Réduire la banane en purée et la mixer avec le jus.

Yaourt au melon

100 g de melon bien sucré
1 cuillérée à soupe de germe de blé ou de graines de psyllium

100 g de yaourt allégé
(0,1% de matière grasse)
miel ou édulcorant selon le goût

123 kcal (515 kJ),
6,4 g de protéines,
2,4 g de lipides,
18,9 g de glucides

❶ Retirer les graines du melon, le trancher finement et le mélanger avec le germe de blé au yaourt.
❷ Sucrer avec de l'édulcorant.

Drink à la groseille rouge

75 g de groseilles rouges
1/2 cuillérée à café de sucre vanillé
ou d'édulcorant
jus de citron

0,15 l de kéfir maigre
1 cuillérée à café de germe de blé
(en maison de diététique)
ou de graines de psyllium

❶ Laver les groseilles et les réduire en purée avec un peu de kéfir et les autres ingrédients.
❷ Plonger les bords du verre d'abord dans du jus de citron puis dans le germe de blé. Remplir de kéfir et servir.

133 kcal (557 kJ),
8,8 g de protéines,
3,3 g de lipides,
14,8 g de glucides

Yaourt aux pommes et au germe de blé

édulcorant selon le goût
1/2 pomme
150 g de yaourt maigre
(0,1% de matière grasse)

1 cuillérée à soupe de germe de blé
ou de graines de psyllium
jus de citron
cannelle

❶ Peler la pomme et la mélanger avec le yaourt et le germe de blé.
❷ Relever avec du jus de citron, de la cannelle et de l'édulcorant.

150 kcal (628 kJ),
7,5 g de protéines,
6,5 g de lipides,
16,7 g de glucides

Pain complet épicé

30 g de fromage blanc maigre
1 cuillérée à soupe de lait
(1,5% de matière grasse)
1 cuillérée à soupe de
fines herbes ciselées

sel iodé et fluoré
poivre
1 tranche de pain complet
1 tomate

❶ Mélanger le lait et le fromage blanc.
❷ Saupoudrer avec les fines herbes, bien assaisonner et tartiner le pain avec ce mélange. Couvrir de rondelles de tomates.

146 kcal (611 kJ),
10,5 g de protéines,
1,0 g de lipides,
21,8 g de glucides

Pain suédois au fromage

*2 tranches de pain suédois
(par exemple de Wasa)
1 cuillérée à café de margarine
allégée à la phyotstérine*

*30 g de camembert (30% de matière grasse)
ou de boudin de soja
2 tasses de thé*

*153 kcal (640 kJ),
9,4 g de protéines,
6,7 g de lipides,
13,6 g de glucides*

❶ Tartiner les tranches de pain de margarine et couvrir de camembert.
❷ Servir avec du thé.

Pain pleine forme

*1 tranche de pain complet ou de
pain à la graine de tournesol
1 cuillérée à café de
margarine allégée
2 cuillérée à soupe de
cottage cheese*

*1 tomate
1 concombre tranché
un peu de ciboulette hachée
sel iodé, poivre*

❶ Tartiner le pain avec la margarine et le cottage cheese.
❷ Répartir la tomate et le concombre coupés en rondelles sur le fromage.
❸ Garnir avec la ciboulette et assaisonner de sel et de poivre.

Toast de blé complet à l'aspic

*1 tranche de pain complet toasté
2 cuillérées à café de margarine
allégée à la phytostérine
quelques rondelles de concombre*

*2 petites tomates
2 tranches de blanc de poulet en gelée
persil
2 tasses de thé vert*

❶ Tartiner le pain avec la margarine, couvrir avec les rondelles de concombre et de tomates puis mettre le poulet en gelée et garnir avec un peu de persil.
❷ Servir avec le thé.

Galettes de riz épicées

2 galettes de riz
50 g de fromage frais granuleux
1/2 botte de radis

ciboulette ciselée
2 tasses de thé

❶ Répartir le fromage frais sur les galettes de riz.
❷ Laver les radis, les couper en rondelles et les poser
sur le fromage. Parsemer de ciboulette.
❸ Servir avec le thé.

122 kcal (517 kJ),
8,4 g de protéines,
2,6 g de lipides,
15,0 g de glucides

En-cas à la Vitamine C

150 g de yaourt maigre (0,1% de matière grasse)
1 cuillérée à soupe de germe de blé ou de graines
de psyllium
2 tasses de thé

5 cuillérées à soupe de nectar de fruits
jus de citron vert et édulcorant selon le goût

❶ Bien mélanger le yaourt avec le nectar de fruits, le
germe de blé, le jus de citron vert et l'édulcorant. Servir
frais.
❷ Servir avec le thé.

140 kcal (586 kJ),
7,5 g de protéines,
3,1 g de lipides,
20,2 g de glucides

Un en-cas à la Vitamine C procure la dose d'énergie nécessaire entre deux repas.

De savoureux déjeuners

C'est précisément après les principaux repas que le taux de cholestérol monte et constitue un risque pour le cœur et les vaisseaux. Cependant, il n'est pas difficile de préparer de délicieux repas qui permettent d'éviter ce problème. Dans les pages suivantes, vous trouverez des plats originaux qui constituent une alimentation simple, riche en fibres et à teneur contrôlée en cholestérol.

Des légumes partout et tout le temps !

On n'a pas toujours besoin de viande : des plats végétariens préparés avec de l'huile végétale de régime sont pauvres en cholestérol, riches en phytostérine et permettent de varier son alimentation.

Nos recettes contiennent peu d'acides gras saturés mais beaucoup de vitamines et de minéraux. Ainsi, vous restez en pleine forme toute la journée.

Poêlée de légumes à la dinde

1 filet de dinde (125g)
1/2 gousse d'ail
persil frais
1 cuillérée à café d'huile de colza
(en maison de diététique
ou en magasin bio)
40 g d'avoine
0,1 l d'eau
1 petite carotte

1 blanc de poireau
1 cuillérée à café d'huile
végétale diététique
1 cuillérée à café de ciboulette ciselée
quelques lamelles de poivrons
(rouge, jaune, vert)
sel iodé et fluoré
poivre de Cayenne
curry

❶ Laver le filet de dinde, l'essuyer, en retirer la peau et le couper en fines lanières.

❷ Peler la gousse d'ail et la presser au presse-ail. Ciseler finement le persil.

❸ Faire une marinade avec l'huile, l'ail et le persil et faire tremper la viande dedans pendant une heure.

❹ Faire cuire l'avoine dans deux fois son volume d'eau salée et le laisser égoutter pendant 30 minutes.

❺ Eplucher la carotte et la couper en tronçons, laver le poireau et le couper en fines rondelles.

❻ Eponger la viande marinée. Mettre l'huile dans une poêle et saisir la viande.

❼ Ajouter les légumes et faire cuire 10 minutes à feu réduit.

❽ Ajouter l'avoine et faire cuire encore. Assaisonner avec le sel, le poivre de Cayenne et le curry.

Soupe de légumes

200g de légumes de saison
(haricots verts, poireaux, petits pois,
carottes, céleri, chou-rave,
chou-fleur, brocoli)
1 pomme de terre
1/2 oignon
2 cuillérées à café d'huile
végétale de régime

1/4 l d'eau
2 cuillérées à café d'avoine
(environ 30 g)
1 cuillérée à café de bouillon de
légumes instantané
persil
poivre
sel iodé et fluoré

340 kcal (1423 kJ),
10,5 g de protéines,
11,0 g de lipides,
45,2 g de glucides

❶ Laver les légumes et les couper en petits morceaux. Eplucher la pomme de terre, la laver et la couper en rondelles.

❷ Trancher l'oignon en fines rondelles. Chauffer l'huile et faire revenir l'oignon dedans.

❸ Ajouter les légumes, cuire à l'étuvée. Verser l'eau, y ajouter le bouillon et l'avoine et faire bouillir.

❹ Incorporer les morceaux de pommes de terre et laisser cuire la soupe 25 minutes.

❺ Hacher finement le persil et en parsemer la soupe. Assaisonner de sel et de poivre.

Soupe de légumes à la levure

200 g de légumes de saison
(haricots verts, poireau, petits pois,
carottes, céleri, chou-rave,
chou-fleur, brocoli)
150 g de pommes de terre
1/2 oignon
1 cuillérée à café de margarine
de régime
2 cuillérée à soupe de levure

1/4 l d'eau
2 cuillérées à café d'avoine
(environ 30g)
1 cuillérée à café de bouillon de
légumes instantané
persil
sel iodé et fluoré
poivre

407 kcal (1703 kJ),
14,0 g de protéines,
11,9 g de lipides,
60,7 g de glucides

❶ Laver les légumes et les couper en petits morceaux. Eplucher les pommes de terre, les laver et les trancher. Trancher finement l'oignon.

Faire chauffer le beurre et y faire suer l'oignon. Ajouter les légumes et faire étuver un court moment. Couvrir d'eau, ajouter l'avoine et le bouillon et porter à ébullition. Ajouter les morceaux de pomme de terre et faire cuire la soupe pendant 25 minutes.

Hacher finement le persil et l'ajouter à la soupe. Assaisonner de sel, de poivre et de levure.

Légumes au four

1 petit pain complet
200 g de pommes de terre
1 morceau de poivron rouge et un
autre de poivron vert
la moitié d'une petite aubergine
1 petite courgette
1 tomate
la moitié d'un petit oignon
poivre

1 cuillérée à soupe d'huile
végétale diététique
quelques branches de romarin
100 g de yaourt maigre
(0,1% de matière grasse)
1 cuillérée à soupe de ketchup
paprika en poudre
sel iodé et fluoré

❶ Eplucher les pommes de terre, les couper en lamelles et les faire cuire à l'eau bouillante pendant 8 à 10 minutes.

471 kcal (1971 kJ), 16,6 g de protéines, 13,5 g de lipides, 69,3 g de glucides

❷ Laver les légumes. Couper les poivrons en lamelles, les aubergines et les courgettes en rondelles, les tomates en quartiers. Couper l'oignon et trancher la moitié en rondelles.

❸ Blanchir l'aubergine et la courgette 2 à 3 minutes.

❹ Enduire les pommes de terre et les légumes d'huile, les parsemer de romarin et les cuire au four à 220° pendant environ 15 minutes.

❺ Mélanger les ingrédients pour faire l'assaisonnement. Dresser sur une assiette et servir avec le pain.

Spirelli au blanc de poulet

50 g de pâtes spirelli
1 petit bulbe de fenouil
1 cuillérée à café d'huile
végétale de régime

100 g de blanc de poulet
sel iodé et fluoré
poivre
herbes de Provence

❶ Cuire les pâtes selon les indications données sur le paquet.
❷ Pendant ce temps, couper le fenouil en rondelles et le cuire à la poêle avec l'huile. Retirer et réserver au chaud.
❸ Couper le blanc de poulet et le cuire sur les deux faces, saler, poivrer et relever avec les herbes et le couper en petits morceaux après la cuisson.
❹ Répartir les morceaux de fenouil sur une assiette, mettre les pâtes au-dessus et terminer par le poulet.

Fusilli au poivron jaune

50 g de pâtes fusilli
1 poivron jaune
1 cuillérée à soupe d'huile
végétale de régime
poivre

1/2 gousse d'ail
2 filets d'anchois
3 olives vertes fourrées
au paprika

❶ Cuire les pâtes selon les indications données sur le paquet.
❷ Pendant ce temps, couper le poivron en deux, retirer les graines et le couper en lamelles. Le saisir 5 minutes dans l'huile d'olive.
❸ Eplucher l'ail et hacher finement, passer à l'eau les anchois, les sécher et les hacher grossièrement.
❹ Ajouter les anchois et l'ail au poivron et chauffer le tout légèrement pendant 5 minutes.
❺ Ajouter les pâtes égouttées et les olives coupées en rondelles et faire chauffer le tout un peu.
❻ Dresser sur l'assiette et parsemer de poivre moulu.

Courgettes farcies

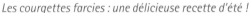

2 courgettes moyennes
1 tasse de thé
la moitié d'un poivron de chaque
couleur (vert, rouge, jaune)
finement émincée
1 oignon tranché en fines rondelles
1 gousse d'ail
1 cuillérée à café d'huile d'olive
1 cuillérée à soupe d'huile
végétale de régime

5 cuillérées à soupe de lait
(1,5% de matière grasse)
75 g de fromage frais aux herbes
(maximum 30% de matière grasse)
ou de tofu
1 cuillérée à soupe d'herbes
(romarin, basilic, persil, thym)
sel iodé et fluoré
poivre 5 baies fraîchement moulu

❶ Laver les courgettes, les couper en deux dans le
sens de la longueur, les évider. Les blanchir quelques
minutes dans l'eau bouillante.

*427 kcal (1787 kJ),
21,0 g de protéines,
30,2 g de lipides,
17,3 g de glucides*

❷ Trancher la chair de courgette que l'on a ôtée et la
faire revenir dans l'huile chaude quelques minutes avec
les poivrons, l'oignon et l'ail.

❸ Graisser légèrement un moule allant au four avec l'huile, y mettre les
demi-courgettes et les remplir avec les légumes.

❹ Chauffer le lait et y faire fondre le fromage. Verser la sauce au fromage
sur les demi-courgettes, parsemer d'herbes. Cuire les courgettes à four
préchauffé pendant 10 à 12 minutes.

❺ Servir avec le thé.

Les courgettes farcies : une délicieuse recette d'été !

Sébaste sauce moutarde

150 g de filet de sébaste
(frais ou surgelé)
jus de citron
1 grosse carotte
(environ 80 g)
1 petite pomme de terre
(environ 60g)
50 g de poireau
1 cuillérée à soupe de moutarde

1 pied de céleri branche
(environ 60 g)
1 cuillérée à café d'huile
végétale diététique
gros sel de mer
poivre
1/8 l de bouillon de légume
(instantané)
75 g de crème allégée

❶ Passer le filet de poisson rapidement sous l'eau froide, le sécher avec du papier de cuisine et verser quelques gouttes de citron dessus. Faire décongeler le poisson surgelé puis le faire mariner dans le jus de citron.

❷ Laver les légumes. Éplucher la pomme de terre et la carotte puis les couper en petites lamelles, couper le poireau et le céleri en rondelles. Faire revenir les légumes rapidement avec l'huile.

❸ Sécher le poisson, l'assaisonner de sel et de poivre et le poser sur les légumes.

❹ Arroser avec le bouillon de légumes et cuire à feu doux pendant 15 minutes environ. Retourner le poisson à mi-cuisson.

❺ Mélanger la moutarde avec la crème, assaisonner de sel et de poivre. Disposer le filet de poisson sur les légumes et servir avec la sauce.

Riche en oméga 3 : le sébaste sauce moutarde

Poêlée de légumes à l'italienne

250 g de mélange de
légumes surgelés
1 cuillérée à soupe d'huile
végétale de régime
1/2 oignon
1/4 de gousse d'ail

un peu de persil
sel iodé et fluoré
poivre
muscade
1/2 tasse de bouillon de légumes
50 de mozzarella ou de tofu

❶ Cuire les légumes 5 minutes dans une petite quantité d'eau salée.
❷ Chauffer l'huile. Eplucher l'oignon et la gousse d'ail, les hacher finement et les faire revenir dans l'huile. Hacher finement le persil.
❸ Egoutter les légumes, les mettre dans la poêle et assaisonner de sel, poivre, muscade et persil.
❹ Verser le bouillon de légumes et faire étuver le tout encore 8 minutes en remuant souvent. Couvrir de rondelles de mozzarella. Continuer la cuisson à couvert jusqu'à ce que la mozzarella fonde.

*262 kcal (1196 kJ),
15,9 g de protéines,
17,2 g de lipides,
10,2 g de glucides*

Salade de riz aux fruits et à la mozzarella

30 g de riz long grain
50 g de crevettes
jus de citron et de citron vert
50 g de fraises

1 côte de céleri branche
30 g de mozzarella ou de tofu
1/2 avocat
édulcorant selon le goût

❶ Cuire le riz selon les indications données sur le paquet et le laisser refroidir.
❷ Mouiller les crevettes de jus de citron.
❸ Laver les fraises et les couper, couper le céleri en petits morceaux. Couper la mozzarella en tranches.
❹ Couper l'avocat en deux dans le sens de la longueur. Le mouiller aussitôt de jus de citron vert, former de petites boules à l'aide d'une cuiller à pommes parisiennes et les arroser de jus de citron.
❺ Mélanger avec le riz et mettre le tout dans un plat à salade.

*414 kcal (1732 kJ),
20,5 g de protéines,
25,0 g de lipides,
26,8 g de glucides*

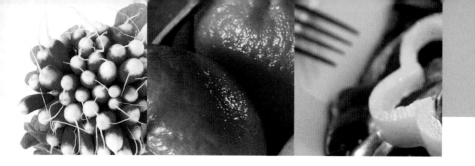

Du léger *pour le soir*

C'est surtout le soir que vous devez veiller à ne pas charger votre taux de cholestérol avec une nourriture trop lourde et trop calorique. Nos conseils de recettes vous aident à terminer la journée par des plats légers et originaux.

Des salades et des condiments relevés

Les salades fraîches et croquantes présentées ici ne sont pas seulement un plaisir pour les yeux. Elles sont délicieuses avec ou sans dressing et procurent en même temps beaucoup de précieuses vitamines. Le pain complet et la salade contiennent en outre beaucoup de fibres

Que diriez-vous de préparations à tartiner que vous feriez vous-même ? Vous pouvez varier les recettes suivantes à votre goût. Donnez libre cours à votre créativité !

Crudités pommes carottes

1/2 pomme
2 carottes
1 portion (62,5 g) de camembert
allégé ou de chair de soja

1 cuillérée à café de raisins
50 g de crème allégée
jus de citron et édulcorant
1 tranche de pain complet

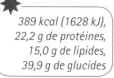
389 kcal (1628 kJ),
22,2 g de protéines,
15,0 g de lipides,
39,9 g de glucides

❶ Couper la pomme en quartiers et râper les carottes.
❷ Couper le camembert en tranches. Tout mélanger et parsemer de raisins.
❸ Assaisonner la crème avec le citron et l'édulcorant et napper les crudités. Servir avec une tranche de pain.

Pain au fromage blanc et aux poivrons

75 g de fromage blanc maigre
2-3 cuillérées à soupe de babeurre
2 cuillérées à soupe de germe de blé
1/2 poivron jaune
1/2 poivron rouge
1 petit oignon finement haché

poivre
sel iodé et fluoré
1/4 de botte de cresson
1 botte de radis
1 tranche de pain complet
0,1 l de boisson diététique

❶ Mélanger le fromage blanc et le babeurre, parsemer de germe de blé.

❷ Couper finement les poivrons et les mettre avec l'oignon sur le fromage blanc.

281 kcal(1176 kJ),
25,2 g de protéines,
3,4 g de lipides,
36,9 g de glucides

❸ Assaisonner de poivre et de très peu de sel, garnir avec le cresson et quelques rondelles de radis. Servir avec le pain et le reste de radis.

❹ Accompagner de la boisson de votre choix.

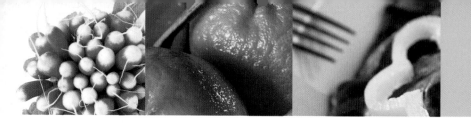

Baguette au blé complet « Sunrise Energy »

1 petite baguette au blé complet
ou un petit pain complet
100 g de fromage frais granuleux
1 cuillérée à soupe de
chou rouge râpé
1 cuillérée à soupe de lamelles
de poivron

ciboulette
0,2 l de jus de carottes
2 cuillérées à soupe de jus
d'artichaut
2 tasses de thé

340 kcal (1423 kJ),
21,8 g de protéines,
3,8 g de lipides,
52,9 g de glucides

❶ Couper la baguette en deux. Tartiner les moitiés avec le fromage frais et couvrir de chou ou de poivron, garnir avec la ciboulette.

❷ Mélanger le jus de carottes et le jus d'artichaut.

❸ Servir avec le thé.

Salade pleine forme à la sauce gourmet

1/2 botte de radis
quelques morceaux de
céleri branche
3-4 jeunes carottes
100 g de yaourt maigre
(0,1% de matière grasse)
2 tasses de thé vert

1 cuillérée à café de coulis
de tomates
paprika
sel iodé et fluoré
citron
1 tranche de pain complet toasté

253 kcal (1059 kJ),
8,8 g de protéines,
11,7 g de lipides,
27,7 g de glucides

❶ Laver les légumes et les dresser sur une assiette.

❷ Mélanger le yaourt et le coulis de tomate, assaisonner avec le paprika, le sel et le citron.

❸ Servir avec le toast et 2 tasses de thé.

Poivrons farcis

1 gros poivron rouge
1 tomate
2 tranches de pain complet
toastées
100 de fromage blanc maigre
ou de tofu

sel iodé et fluoré
poivre
paprika en poudre
persil
0,2 l de jus de tomate

❶ Découper un couvercle du poivron et hacher celui-ci finement. Vider le poivron de ses graines et bien le faire sécher. Couper la tomate.

*283 kcal (1184 kJ),
21,8 g de protéines,
3,3 g de lipides,
39,2 g de glucides*

❷ Emietter une tranche de pain toasté et la mélanger avec le fromage blanc.
❸ Incorporer les morceaux de tomate et de poivron et bien assaisonner le mélange avec les condiments.
❹ Remplir le poivron de cette préparation, bien refroidir et découper en tranches de l'épaisseur d'un doigt.
❺ Servir avec une tranche de pain toasté. Accompagner de jus de tomate.

Crudités au dressing

2 carottes (environ 125 g)
2 fines côtes de céleri
1 poivron
1 endive
1 botte de radis
100 g de baguette au blé complet

150 g de yaourt maigre
(0,1% de matière grasse)
cresson
sel iodé et fluoré, poivre
citron

❶ Laver les légumes. Couper les carottes en quatre dans la longueur, trancher les céleris en deux et le poivron en morceau ou en lamelles. Garnir avec l'endive et les radis.

*406 kcal (1699 kJ),
18,2 g de protéines,
5,2 g de lipides,
73,2 g de glucides*

❷ Mélanger le yaourt avec le cresson, assaisonner avec le sel, le poivre et le citron et servir la baguette avec les crudités.

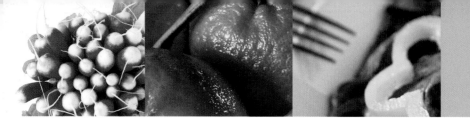

Salade composée pleine forme

1 poivron jaune
1 côte de céleri branche
1 petit bulbe de fenouil
quelques radis
2 tomates
quelques feuilles de salade
1 tranche de pain complet toasté
1 œuf dur ou du tofu mariné
0,2 l de boisson diététique

100 g de yaourt maigre
(0,1% de matière grasse)
3 cuillérées à soupe de
boisson diététique
sel iodé et fluoré
ciboulette
persil
poivre

306 kcal (1280 kJ),
21,2 g de protéines,
10,1 g de lipides,
29,9 g de glucides

❶ Laver les légumes.
❷ Couper le poivron en lamelles, le fenouil et le céleri en tronçons, le radis en tranche et les tomates en huit quartiers et dresser le tout avec les feuilles de salade dans une assiette.
❸ Toaster le pain, le couper en morceaux et le mettre sur la salade. Garnir de quartiers d'œuf.
❹ Préparer un dressing avec le yaourt, assaisonner avec les herbes et les condiments et mettre sur la salade.
❺ Servir avec 1 verre de boisson diététique.

Une source de précieuses vitamines et de fibres : la salade composée pleine forme

Salade de poulet

50 g de salade
1 poivron vert
1 poivron jaune
quelques radis
1 petite tomate
1 endive
1 petit oignon rouge
1 petit filet de poulet
(environ 125 g)

1 cuillérée à café d'huile
végétale diététique
jus de citron
50 g de fromage blanc ou de tofu
2 cuillérée à soupe de fines herbes
sel iodé et fluoré
poivre
50 g de sauce mexicaine

❶ Laver la salade et les légumes.
❷ Couper les poivrons en lamelles, les radis en rondelles et les tomates en morceaux. Retirer le cœur dur de l'endive et la couper en deux. Eplucher l'oignon et le couper en rondelles.

295 kcal (1234 kJ),
39,2 g de protéines,
4,0 g de lipides,
23,6 g de glucides

❸ Bien laver le blanc de poulet sous l'eau froide et le sécher avec du papier de cuisine, retirer la peau (riche en cholestérol !), l'enduire d'huile.
❹ Le cuire dans une poêle chaude pendant 3 à 4 minutes sur chaque face.
❺ Pendant ce temps, dresser la salade et l'arroser de jus de citron.
❻ Mélanger le fromage blanc avec les herbes, le citron, le sel et le poivre.
❼ Couper le filet de poulet et servir avec le dressing et la sauce mexicaine.

Index des recettes

Remarque importante
Les conseils publiés dans cet ouvrage ont été élaborés et
contrôlés avec le plus grand soin par les auteurs et l'éditeur.
Aucun résultat n'est toutefois garanti. La responsabilité des auteurs,
de l'éditeur et de leurs représentants n'est donc en aucun cas engagée
en cas de dommages corporels ou moraux.

Titre original : Cholesterin natürlich senken
© 2001 Weltbild Ratgeber Verlage GmbH et Co. KG

Traduit de l'allemand par Véronique Audegon

© 2006 ANAGRAMME éditions

Dépôt légal 2ᵉ trimestre 2006

ISBN 2-35035-065-7

Imprimé en Espagne par Impression Design
F-92100 Boulogne - 33 (1) 46 20 57 57

Edité par ANAGRAMME éditions
48, rue des Ponts
F-78290 Croissy sur Seine
33 (1) 39 76 99 43
info@anagramme-editions.fr

www.anagramme-editions.fr